Rick Joyner

Kopp

Die Macht des Bösen brechen

Der Kampf um die Seele des Menschen

Rick Joyner

Die Macht des Bösen brechen

Der Kampf um die Seele des Menschen

Schleife Verlag, CH-Winterthur

Titel der Originalausgabe:
Breaking the Power of Evil

Published by Destiny Image Publishers, Inc.
P.O. Box 310 Shippensburg, PA 17257-0310
http://www.destinyimage.com

2. Auflage September 2003

Postfach 85, CH-8411 Winterthur, Switzerland.
Tel. +41 (0)52 232 24 24 Fax. +41 (0)52 233 60 82
Email: publications@schleife.ch • www.schleife.ch
ISBN 3-907827-21-X

Vertriebspartner Deutschland, Österreich: Gerth Medien, Asslar
Schweiz: Gerth Medien AG, CH-Rothrist
ISBN 3-89490-478-X

Die Bibelzitate in diesem Buch sind, wenn nicht anders angegeben, der Einheitsübersetzung der Heiligen Schrift von 1980 entnommen. Hervorhebungen innerhalb der Schriftstellen sind vom Autor gesetzt.

Die Bibelzitate aus der Elberfelder Bibel, Revidierte Fassung von 1996, sind mit *Elb.* gekennzeichnet.

Die Bibelzitate aus der Luther Bibel, Revidierte Fassung von 1984, sind mit *Luth.* gekennzeichnet.

Der Text des Buches folgt den Regeln der neuen deutschen Rechtschreibung. Die Bibelzitate sind der neuen Rechtschreibung angepasst.

Übersetzung: Tina Pompe
Lektorat: Michael Herwig, Judith Petri
Umschlaggestaltung Bild: Pia Maurer
Umschlaggestaltung Typo: Hanna Koller

Satz und Druck: Schönbach-Druck GmbH, Erzhausen

Inhaltsangabe

Teil I

Der Kampf um die Seele des Menschen

Kapitel 1

Die Freiheitskämpfer

Um die Seele eines jeden menschlichen Wesens tobt ein erbitterter Kampf. Es ist ein Kampf auf Leben und Tod; und das Territorium, um das der Kampf sich dreht, sind wir. Wenn wir diesen Konflikt verstehen, erkennen wir, dass es um nichts Geringeres als unser eigenes Leben oder unseren Tod geht – für alle Ewigkeit. Jeden Tag stehen wir erneut vor der Alternative, entweder selbst Land einzunehmen oder es in diesem Kampf zu verlieren. Es gibt auf dieser Erde keine neutrale Zone, in die wir uns flüchten könnten. Daher besteht die einzige gangbare Alternative für uns darin, den Kampf zu verstehen, ihn zu kämpfen und zu gewinnen.

Dieser Kampf soll nicht die Frage nach dem Mächtigsten im Universum entscheiden, Gott oder Satan. Ganz zweifelsohne wäre Gott jederzeit in der Lage, diesen Kampf in einem Augenblick zu beenden und Satan loszuwerden. Der Grund dafür, dass er dies noch nicht getan hat, besteht in seiner kompromisslosen Hingabe an die Freiheit seiner Schöpfung. Erst wenn wir seine Hingabe an unsere Freiheit erkennen, werden wir den Kampf verstehen, der in unserer Welt und in unserer eigenen Seele tobt, oder überhaupt auf eine wahre Weise das Wesen Gottes.

Wir müssen frei sein

Gott hat den Menschen zur Freiheit geschaffen. Ohne Freiheit können wir gar nicht die sein, als die wir geschaffen wurden. Wenn alles, was der Herr sich gewünscht hätte, nur vollkommene, harmonische Anbetung gewesen wäre, hätte er besser daran getan, Computer an Stelle von Menschen zu erschaffen, die er lediglich zu programmieren brauchte, um ihn in perfekter Harmonie anzubeten. Ganz gewiss hat unser Gott mehr als das verdient, aber damit es mehr als das geben kann, brauchen wir Freiheit.

Die Schrift sagt in 2. Korinther 3,17: «Der Herr aber ist der Geist, und wo der Geist des Herrn wirkt, da ist Freiheit.» Das könnte man auch folgendermassen übersetzen: «Wo der Geist Herr ist, da ist Freiheit.» Dieses Prinzip zeigt uns einen der Hauptunterschiede zwischen dem Herrschaftsgebiet der Finsternis und dem Reich Gottes. Im Reich der Finsternis herrschen Furcht, Bedrückung und Gefangenschaft. Im Reich Gottes dagegen herrschen Glaube und Freiheit.

Aus diesem Grund hatte der Herr auch den Baum der Erkenntnis von Gut und Böse in den Garten gepflanzt. Dies geschah nicht, um unsere Voreltern zur Sünde zu verführen, sondern deshalb, weil es keinen wahren Gehorsam geben kann, wenn nicht gleichzeitig die Freiheit zum Ungehorsam besteht. Der Baum war in den Garten gesetzt, damit Adam und Eva ihren Gehorsam und ihre Liebe zu Gott erweisen konnten. Jede Versuchung, die in unserem Leben zugelassen wird, hat genau den gleichen Grund.

Um die Wahrheit erfassen zu können, ist es von zentraler Bedeutung, dass wir verstehen, dass der Mensch als freies moralisches Wesen geschaffen wurde. Das bedeutet keine Einschränkung der Souveränität Gottes, sondern es dient sogar dazu, seine Souveränität noch mehr hervorzuheben. Die grösste und edelmütigste Autorität erweist sich grundsätzlich in der Freiheit, die sie ihren Untergebenen lässt. Der Herr möchte, dass wir ihn anbeten und das Böse zurückweisen, weil wir ihn und seine Wahrheit lieben, und nicht, weil wir uns vor Strafe fürchten. Es gibt Konsequenzen für unseren Ungehorsam, über die wir nicht hinweggehen können, das ist richtig; aber unser Hauptziel muss es stets sein zu gehorchen, weil wir Gott lieben und weil er unserer ganzen Hingabe und Anbetung würdig ist.

Freiheit und Verantwortung

Freiheit bedeutet immer auch, dass wir Entscheidungen treffen müssen. Unsere Entscheidungen ziehen gewisse Konsequenzen nach sich. Das bedeutet, dass unsere Freiheit Verantwortung mit sich bringt. Weshalb? Der Mensch ist berufen, zusammen mit Gott zu herrschen und zu regieren, und es gibt keine wahre Autorität ohne die entsprechende Verantwortung. Daher gilt auch, je grösser die Verantwortung ist, desto grösser ist das Potenzial, durch die richtigen Entscheidungen Gutes zu bewirken – aber gleichzeitig besteht eine grössere Gefahr, Negatives zu bewirken, wenn wir falsche Entscheidungen treffen. Weil Adam Autorität über die gesamte Welt erhalten hatte, litt auch die ganze Welt darunter, als er fiel. In dem Mass, in dem uns Autorität anvertraut wird, steht es also in unserer Macht, Gutes oder Negatives in diesem Bereich freizusetzen.

Das ist das Welt-System, in das der Mensch hineingesetzt wurde und in dem wir auch heute noch leben. Zugegeben, es mag heute auf Grund der vielen schlechten Entscheidungen unserer Vorgänger sehr viel schwieriger sein, aber es ist auch heute noch ein System, das die Suche und das Streben nach Weisheit und Wahrheit fördert. Um uns jetzt den Weg durch das Leben auf diesem Planeten bahnen zu können, müssen wir zwischen Gut und Böse unterscheiden können. Trotzdem gibt es eine Weisheit, die noch über die reine Erkenntnis von Gut und Böse hinausgeht. Es ist die Erkenntnis des Lebens, und diese Erkenntnis bedeutet schlicht und einfach, Gott zu kennen. Es gibt immer noch einen Baum des Lebens, dessen Früchte allein dazu in der Lage sind, den Menschen in sein endgültiges Potenzial und seine Bestimmung freizusetzen. Der Herr wird uns von dem wahren Leben der Erkenntnis seiner selbst zu essen geben, wenn wir uns nur danach ausstrecken.

Die Wahrheit macht uns frei

Der Zweck des vorliegenden Buches besteht darin, einige der stärksten Ketten der Gefangenschaft aufzuzeigen, die jetzt noch die menschliche Seele knechten, um den Menschen in der Finsternis gefangen zu halten. Wenn wir diese Festungen entlarven, dann ist bereits der halbe Kampf gewonnen. So schreibt der Apostel Paulus in 2. Korinther 2,11, dass er allen vergeben habe, denen die Korinther zuvor vergeben hatten, «damit wir nicht vom Satan überlistet werden». Sobald wir die Pläne des Teufels erkannt haben, kann er uns nicht länger mit ihnen überlisten.

Wir haben viele eindeutige biblische Belege und Beispiele für die listigen Pläne Satans, aber es gelingt ihm immer noch, die Gemeinde zu betrügen, weil wir es versäumt haben, uns eingehender damit zu beschäftigen. Es ist richtig, dass unser Hauptaugenmerk stets darauf gerichtet bleiben muss, nach dem Leben zu trachten und von der Frucht des Baumes des Lebens zu essen, aber auch wir werden eines Tages fallen, wenn es uns nicht gelingt, die beständigen Versuche des Feindes zu erkennen und zu entlarven, mit denen er uns zum falschen, todbringenden Baum locken will. Wir müssen seine Pläne erkennen und echte Wächter auf die Mauern stellen, die über die nötige Erkenntnis und Unterscheidung verfügen. In 2. Korinther 10,3–6 können wir lesen:

> *Wir leben zwar in dieser Welt, kämpfen aber nicht mit den Waffen dieser Welt. Die Waffen, die wir bei unserem Feldzug einsetzen, sind nicht irdisch, aber sie haben durch Gott die Macht, Festungen zu schleifen; mit ihnen reissen wir alle hohen Gedankengebäude nieder, die sich gegen die Erkenntnis Gottes auftürmen. Wir nehmen alles Denken gefangen, sodass es Christus gehorcht; wir sind entschlossen, alle Ungehorsamen zu strafen, sobald ihr wirklich gehorsam geworden seid.*

Die Gemeinde existiert nicht, um uns lediglich gegen die Angriffe des Teufels zu verteidigen und uns einen kleinen, sicheren Zufluchtsort zu schaffen. Wir sind vielmehr hier auf dieser Erde, um die Festungen des Teufels anzugreifen und einzureissen, damit wir dadurch so viele Seelen wie möglich seinen Klauen entreissen. Wir dürfen uns nicht damit begnügen, einfach nur in der Defensive zu leben. Wir sind hier, um das Land zurückzuerobern, das unsere Vorfahren dem Teufel überlassen haben, weil sie sich von ihm haben überlisten lassen. Wir müssen an die Siege von denjenigen unserer Vorfahren anknüpfen, die dieses Land schon vor uns eingenommen haben. Aus diesem Grund sind wir mit Waffen von göttlicher Durchschlagskraft ausgestattet worden. Daher müssen wir uns neben der Erkenntnis und Anbetung Gottes auch damit beschäftigen, den Feind anzugreifen, seine Gefangenen zu befreien, sowie seine bösen Religionen und Philosophien einzureissen, durch die er bislang die Menschen in der Finsternis gefangen hielt.

Weshalb er kam

Selbstverständlich kam der Herr, um uns von unseren Sünden zu erretten. Die Bibel sagt uns auch in 1. Johannes 3,8b: «Der Sohn Gottes aber ist erschienen, um die Werke des Teufels zu zerstören.» Als Jesus in der Nacht vor seiner Kreuzigung für seine Jünger betete, sagte er über uns: «Wie du mich in die Welt gesandt hast, so habe auch ich sie in die Welt gesandt.» (Johannes 17,18) So wurden wir also grundsätzlich aus dem gleichen Grund gesandt, aus dem er gesandt worden war – um die Werke des Teufels zu zerstören. Deshalb sind wir auf dieser Erde – um sein Leib zu sein, durch den er sein Werk fortführen kann.

Daher ist jeder Christ zum Freiheitskämpfer berufen – um die Gefangenen zu befreien, um dafür zu sorgen, dass jede einzelne Seele von der Knechtschaft des Teufels errettet und in die herrliche Freiheit der Kinder Gottes entlassen wird. Darum muss auch die Freiheitsliebe grundlegend in unserem geistlichen genetischen Code verankert sein.

Es mag stimmen, dass zurzeit noch die ganze Erde in der Macht des Bösen gefangen liegt, und vielleicht leben wir noch hinter den feindlichen Linien, aber wir werden überwinden. Letzten Endes werden wir den Sieg davontragen. Jede befreite Seele stellt einen Sieg dar, durch den noch mehr Land für das Reich Gottes eingenommen wird. Dennoch müssen wir unseren Blick noch darüber hinaus richten, lediglich Einzelne in die Freiheit zu führen. Es muss unser Anliegen sein, in dieser bösen Zeit ganze Nationen von der Knechtschaft zu befreien, in der sie sich befinden.

KAPITEL 2

Der Grund des Kampfes

Die gesamte Kirchengeschichte ist von einem geistlichen Kampf geprägt, und dieser Kampf wird nun zum Ende des Zeitalters hin immer intensiver. Jesus selbst hat gesagt: «Die Ernte ist das Ende der Welt.» (Matthäus 13,39b) Die Ernte bedeutet, dass wir das ernten, was gesät wurde, weil es reif geworden ist. Am Endes dieses Zeitalters wird alles zur vollen Reife kommen; und alles, was in den Menschen hineingesät worden ist, wird geerntet werden, sowohl das Gute wie auch das Böse. Deshalb bestätigt die Schrift immer wieder, dass der grösste Kampf am Ende stattfinden wird.

Aus diesem Grund ist auch die Braut, die im Hohenlied aus der Wüste kommt, «Furcht erregend wie Kriegsscharen» (Hoheslied 6,4; Elb.). Wenn die Braut aus der Wüste und Einöde dieses Zeitalters hervortritt, wird sie als die herrliche, wunderschöne Braut in Erscheinung treten, die Salomo an dieser Stelle beschreibt; gleichzeitig wird sie eine mächtige Armee sein. Wir sind nicht nur als leidenschaftliche Anbeter Gottes berufen, sondern auch als seine Krieger. In König David können wir eines der grossartigsten Beispiele für diese doppelte Berufung erkennen. Er war gleichzeitig ein grosser Anbeter und ein grosser Krieger. In gleicher Weise sind auch wir berufen, sowohl grosse Liebhaber Gottes zu sein als auch das Böse mit aller Kraft zu hassen und zu verabscheuen. Wir sind die Braut, die mit der vollen Waffenrüstung Gottes bekleidet ist.

Für einige mag es den Anschein haben, als stünden diese beiden Wesenszüge als Gegensätze in einem Spannungsverhältnis, aber in Wirklichkeit stellen sie die grundlegenden Wesenszüge des Leibes Jesu dar. Sie gehören beide auch zum grundlegenden Wesen Gottes.

+ grosser Sünder

Gott ist Liebe, aber dennoch lautet der Titel, mit dem Gott in der Bibel am häufigsten bezeichnet wird: «Herr der Heerscharen», also einer, der eine Armee anführt. Dieser Titel wird mehr als zehnmal so oft verwendet wie jeder andere Titel, den Gott in der Bibel führt. Wenn wir also dem Herrn nachfolgen, sind wir automatisch Teil einer Armee. Gerade jetzt wütet im Himmel und auf der Erde ein gewaltiger Kampf. Wer diesen tobenden Kampf nicht erkennt, ist mit Sicherheit einer der grössten Täuschungen anheim gefallen, in denen wir uns zur Zeit befinden können.

Das Endergebnis dieses Kampfes steht völlig ausser Zweifel; der Feind ist vom Kreuz Jesu vollständig besiegt worden. Jesus hätte Satan bereits unmittelbar nach seiner Auferstehung binden und ihn in den feurigen Pfuhl werfen können; aber um unseretwillen hat er es nicht getan. Das gesamte Zeitalter der Gemeinde ist als ein «Trainieren zum Regieren» für diejenigen zugelassen worden, welche berufen sind, seine Erben zu sein. Das ist unsere grösste Chance. Nichts kann den wirklichen Charakter einer Person so schnell offenbaren wie ein Konflikt oder eine Drucksituation.

Der Feind namens «Einfach»

Das Mass, wieweit unser Leben schwierig oder umkämpft ist, offenbart für gewöhnlich die hohe Berufung, die wir empfangen haben. Ich sage deshalb «für gewöhnlich», weil sich viele auch darum in einem unaufhörlichen Kampf befinden, weil sie es zugelassen haben, dass das Böse die Oberhand in ihrem Leben gewinnt. Dennoch müssen wir erkennen, dass viele der Schwierigkeiten, durch die Christen in ihrem Leben gehen müssen, ihre Ursache darin haben, dass sie etwas richtig machen, und nicht darin, dass sie etwas falsch machen.

Grundsätzlich gilt für jeden Bereich, dass diejenigen, die sich zu den grössten Höhen aufschwingen, immer auch diejenigen sind, die das beste Training und die beste Ausbildung erhalten haben. Aus diesem Grund möchte der Herr auch, dass seine

Miterben die beste Ausbildung bekommen. Er gebraucht das Zeitalter, in dem wir jetzt leben, um uns genau dieses Training zu geben. Daher darf es auf keinen Fall unser Ziel sein, es im Leben «leichter» zu haben, sondern wir müssen die Herausforderungen annehmen und überwinden. Wenn unser Leben stets einfach ist, dann nur, weil unsere Berufung geringerer Natur ist. Gerade so wie man diejenigen Generäle für die grössten in der Geschichte hält, welche die verzweifeltsten Schlachten gewonnen haben, stellen auch unsere Schwierigkeiten und Kämpfe in diesem Zeitalter die Schmiede dar, durch die der Herr seine Söhne und Töchter zu würdigen Erben macht, vor denen sich selbst die Engel einmal beugen werden.

Die Braut des ersten Adam hatte in einer vollkommenen Welt gelebt und wählte dennoch die Sünde. Deshalb konnte Satan behaupten, dass sich auch der Mensch – die Krone der Schöpfung Gottes – letzten Endes für das Böse entscheiden würde. Aber noch ehe das Ende dieses Zeitalters gekommen ist, wird der «letzte Adam», Jesus Christus, eine Braut haben, die in einer völlig unvolllkommenen, bösen Welt lebt und es wählt, gegen den ganzen Ansturm der Hölle gehorsam zu sein. In alle Ewigkeit wird die gesamte Schöpfung sich des Herrn und seiner Wege rühmen, weil sie weiss, dass letzten Endes immer das Gute über das Böse siegt. So wird die ganze Schöpfung erkennen, dass die Braut des Herrn würdig ist, zusammen mit ihm zu herrschen, weil sie ihre Hingabe an ihn und seine Wahrheit bewiesen hat.

Auch wenn wir jede Unterbrechung des Kampfes zu schätzen wissen müssen, die uns gewährt wird, müssen wir dennoch erkennen, dass wir nicht einfach auf dieser Welt sind, um unser Leben zu geniessen. Wir sind hier, um für die Wahrheit einzustehen und um das Evangelium des Reiches Gottes allen zu verkünden, die in den Ketten des Bösen gebunden und auf dem Weg zu ihrer ewigen Vernichtung sind. Wir brauchen Ruhe und Erholung, wenn sie uns gegeben wird; aber wie kann ein Soldat des Kreuzes lange ruhen, während es auch nur eine einzige Seele gibt, die noch unter dem Bösen versklavt ist? Jeder Christ ist als Ritter des Reiches Gottes ausgesandt, um die Drachen zu töten, um für die Armen und Unterdrückten zu kämpfen und um die Herrschaft des Königs aufzurichten.

Eine gewaltige Täuschung

Alle, die sich weigern, die Realität des geistlichen Kampfes anzuerkennen, in dem wir uns befinden, sind selbst schon unweigerlich darin besiegt worden. Aber trotzdem müssen wir uns nicht fürchten – ER, der in uns lebt, ist so viel grösser als der, der in der Welt lebt (vgl. 1. Johannes 4,4). Selbst der Geringste im Reich Gottes hat grössere Macht als alle Antichristen, die jemals auf dieser Welt gelebt haben, zusammengenommen. Aber wie auch die grösste Militärmacht heute verwundbar ist, wenn sie das Wesen der Angriffe des Feindes nicht kennt, werden auch wir verwundbar bleiben, wenn wir die Pläne Satans nicht erkennen. Seine einzige Möglichkeit, uns zu besiegen, besteht in unserer eigenen Unwissenheit oder Selbstzufriedenheit. Wenn wir unsere Position in Christus einnehmen und behalten und solange wir die ganze Waffenrüstung Gottes anbehalten und wachsam bleiben, werden wir nicht nur stehen, sondern auch die Pforten der Hölle überwinden.

Petrus befahl der Gemeinde: «Seid nüchtern und wachsam! Euer Widersacher, der Teufel, geht wie ein brüllender Löwe umher und sucht, wen er verschlingen kann. Leistet ihm Widerstand in der Kraft des Glaubens.» (1. Petrus 5,8–9a) Die Pläne des Teufels haben sich seit der Zeit des Gartens Eden nicht wirklich verändert. Bei jeder neuen geistlichen Generation fährt er dieselben Attacken und wendet die gleichen Fallen an. Er tut das aus dem Grund, weil sie immer noch funktionieren. Sie funktionieren auch heute noch, weil die Gemeinde immer noch Probleme damit hat, sie zu erkennen. Das hat in der Folge dazu geführt, dass beinahe jede neue Erweckung, Bewegung oder Gemeinde mit einer Vorreiter-Rolle von genau den gleichen Fallen ins Abseits gelockt wurde wie die vorhergegangene Generation. Es ist jetzt endlich an der Zeit, aus diesem tragischen Teufelskreis auszubrechen.

Die grösste Freiheit

Der Plan Gottes sieht für unser Leben nur ein einziges Joch vor – sein Joch. Sobald wir von jedem anderen Joch befreit sind, will er uns gebrauchen, um andere zu befreien. Die endgültige Freiheit finden wir in der Wahrheit – in der Wahrheit darüber, wer er ist und wo er hoch erhaben über aller Herrschaft und Autorität und Gewalt thront. Die Wahrheit zu kennen bedeutet, danach zu leben; danach zu leben heisst, sie zu demonstrieren. Wenn wir behaupten, die Wahrheit zu glauben, aber nicht danach leben, haben wir uns lediglich selbst getäuscht. Wenn wir eine Wahrheit wirklich glauben, werden wir auch danach leben. Deshalb kann man Gottes Volk auch nicht an seinen Worten erkennen, sondern an seiner Frucht.

Wir sind dazu berufen, in Autorität und Herrschaft zu leben, damit das Böse vor uns flieht, ganz gleichgültig, wo wir hinkommen. Das Licht ist immer stärker als die Finsternis. Wenn Sie nachts den Fensterladen öffnen, strömt nicht etwa die Dunkelheit in Ihr Zimmer, sondern das Licht leuchtet hinaus in die Dunkelheit. Es ist unser Ziel, so sehr im Licht zu wachsen, dass es immer heller strahlt und die Finsternis an allen Orten überwindet, wo wir hinkommen.

In diesem Buch werden wir einige der grundlegenden Festungen des Bösen beleuchten, welche die Menschen immer wieder in Gefangenschaft führen. Dabei muss es unser erstes Ziel sein, selbst vollständig von ihrem Einfluss befreit zu werden. Der nächste Schritt besteht darin, unsere Schwerter zu schärfen, damit wir den Teufel damit schlagen und andere von den gleichen Ketten befreien können. Auf diese Weise werden wir unsere Familien befreien ... dann unsere Gemeinden ... dann unsere Nachbarschaften ... dann unsere Städte ... Unser Ziel darf nichts

Geringeres sein, als die Welt zu übernehmen – sie für das Reich Gottes einzunehmen.

Es wird uns nicht gelingen, diese Aufgabe vor der Rückkehr des Herrn vollständig auszuführen. Aber wenn er zurückkehrt, wird er eine treue Armee vorfinden, die sich nicht vor seinen Feinden zurückgezogen hat, nicht einmal vor dem letzten Feind, der am Ende offenbart werden wird. Wir können das in Daniel 11,31–32 nachlesen:

> *Er stellt Streitkräfte auf, die das Heiligtum auf der Burg entweihen, das tägliche Opfer abschaffen und den unheilvollen Gräuel aufstellen.*
> *Er verführt mit seinen glatten Worten die Menschen dazu, vom Bund abzufallen;* ***doch die Schar derer, die ihrem Gott treu sind, bleibt fest und handelt entsprechend.***

Wir können hier erkennen, dass selbst dann, wenn «unheilvolle Gräuel» aufgestellt werden, «die Schar derer, die ihrem Gott treu sind, [fest] bleibt ... und [entsprechend] handelt». Die Menschen, die Gott kennen oder die ihm treu sind, werden ihre Knie niemals vor dem Bösen beugen; und sie werden auch nicht die Hände in den Schoss legen und zusehen, während der Teufel die Welt verführt. Aber wie können wir diejenigen sein, die Stärke zeigen, fest bleiben und im Angesicht der unheilvollen Gräuel entsprechend handeln, wenn wir nicht zunächst dem Bösen in unserem eigenen Leben, in unseren Familien, in unseren Gemeinden und unseren Städten begegnen? Wenn wir wirklich von Licht erfüllt sind, werden wir uns der Finsternis entgegenstellen. Wie der junge David das Prahlen eines Goliath gegen die Heerscharen Gottes nicht ertragen konnte, wird es auch uns zu sehr herausfordern, als dass wir nur dabeistehen und dem Bösen freie Hand lassen könnten.

Anbetung und Kampf

Jesus selbst wird in der Bibel häufig als der «Sohn Davids» bezeichnet. Als die Juden zu Jesus kamen und sich darauf beriefen, «Söhne Abrahams» zu sein, entgegnete ihnen der Herr: «Wenn ihr Kinder Abrahams wärt, würdet ihr so handeln wie Abraham.» (Johannes 8,39b) Daraus können wir folgern, dass Jesus nicht nur von seiner Abstammung her der Sohn Davids war, sondern dass er gleichzeitig auf der Erde war, um die Werke Davids zu tun.

David war der Erste, der das gesamte Gebiet erobert und in Besitz genommen hat, das Israel zuerst durch Abraham verheissen worden war, was später durch Moses bestätigt wurde. Jesus kam, um das Reich vollständig einzunehmen. David war sowohl der grösste Anbeter als auch der grösste Krieger in der Geschichte Israels. Auch wenn viele Menschen damit Probleme haben, unsere Berufung zur Anbetung wie auch zum Kampf miteinander zu vereinbaren, gehören sie dennoch zusammen. In diesem Zeitalter können Sie das eine nicht ohne das andere tun. Daher werden wir auch nur in dem Mass zu grossen Kämpfern werden, in dem wir grosse Anbeter sind. Deshalb wird uns auch in Psalm 149,5–6 befohlen:

> *In festlichem Glanz sollen die Frommen frohlocken, auf ihren Lagern jauchzen: Loblieder auf Gott in ihrem Mund, ein zweischneidiges Schwert in der Hand.*

Unsere erste Berufung ist es anzubeten; aber wir müssen es mit einem Schwert in der Hand tun. Aber selbst wenn es in diesem Buch vor allem um Kampfführung geht, wird jeder Christ, der sich hauptsächlich mit Kampfführung beschäftigt, aller Wahrscheinlichkeit nach unausgewogen und offen für einige der schlimmsten Täuschungen sein.

In 1. Timotheus 1,5 lesen wir: «Das Ziel der Unterweisung ist Liebe aus reinem Herzen, gutem Gewissen und ungeheucheltem Glauben.» Unser Ziel in diesem Leben ist es, an Liebe und Glaube zuzunehmen und zu wachsen. Das wird uns nur gelingen, wenn wir dem Herrn selbst immer näher kommen. Wahre Liebe entsteht, wenn wir ihn so sehen, wie er wirklich ist, und wahrer Glaube hat den gleichen Ursprung – wenn wir ihn als den Einen erkennen, der über aller Herrschaft, Macht und Gewalt steht.

Wie Peter Lord zu sagen pflegt: «Die Hauptsache ist, dass die Hauptsache die Hauptsache bleibt.» Die Hauptsache in unserem Leben ist es, Gott zu lieben, nicht das Böse zu bekämpfen. Aber gerade weil wir Gott lieben, werden wir für die Wahrheit einstehen und das Böse bekämpfen. Deshalb steht auch unsere Kraft in diesem Kampf in direktem Zusammenhang mit unserer Liebe zu ihm, die sich immer in unserer Liebe zu Menschen äussern wird. Liebe und Wahrheit sind Waffen von göttlicher Durchschlagskraft.

Meiner Meinung nach war die Vineyard-Bewegung von John Wimber eine der grössten christlichen Bewegungen der 80er und 90er Jahre. Auch wenn ich niemals offiziell Mitglied dieser Bewegung war, lernte ich John Wimber recht gut kennen, und ich diente bei einigen seiner Konferenzen und Gemeinden. Bisweilen bewunderte ich die ausserordentliche Autorität über Dämonen, über die John, seine Leiter und so viele andere in den Vineyard-Gemeinden verfügten. Ich war Zeuge, wie einige der stärksten Dämonen, denen ich jemals begegnet war, mit einem Wort ausgetrieben wurden – von einem Ordner! Trotzdem hielten nur die wenigsten die Vineyard-Bewegung für einen grossen Befreiungsdienst. Sie waren viel mehr bekannt für ihre Anbetung und ihre Heilungssalbung. So sollte es sein.

Wahre Anbetung kommt nicht einfach aus der Absicht, den Herrn zu sehen; sie kommt vielmehr, wenn wir den Herrn sehen. Wenn wir ihn sehen, werden wir anbeten! In dem Mass, in dem wir ihn mit den Augen unseres Herzens erkennen, werden wir ihn auch anbeten. Wir benötigen in unserem Leben im Vergleich zu dem Mass an Kampfführung ein Vielfaches an Anbetung. Es gibt bereits viel zu viele Beispiele von Menschen, die sich so sehr darauf konzentrieren, Dämonen zu bekämpfen, dass sie bereits selbst die Wesenszüge der Dämonen angenommen haben, die sie aus anderen Menschen austreiben. Die Menschen, die allzu viel

Zeit damit verbringen, okkulte Praktiken und Sekten zu studieren, nehmen oft einen noch schlimmeren Geist an als die Kulte, die sie studieren. Das liegt an dem geistlichen Prinzip, das wir in 2. Korinther 3,18 finden, wo uns gesagt wird, dass wir zu dem werden, was wir betrachten.

Daher habe ich im Verlauf des gesamten vorliegenden Buches zum Ausgleich immer wieder Wahrheiten über das Reich Gottes und das Wesen unseres Königs eingestreut, um sie gegen die Festungen des Bösen und gegen die Pläne des Feindes zu setzen, die wir hier stürzen wollen. Wir sind hier, um Schlachten auf der Erde zu schlagen; aber dabei sollten wir uns stets die Ermahnung aus Kolosser 3,1–2 vor Augen halten:

> *Ihr seid mit Christus auferweckt; darum strebt nach dem, was im Himmel ist, wo Christus zur Rechten Gottes sitzt. Richtet euren Sinn auf das Himmlische und nicht auf das Irdische!*

Der erste und wichtigste Weg, wie wir unsere Kämpfe hier auf Erden gewinnen werden, besteht darin, dass wir zusammen mit Christus an den «himmlischen Örtern» weilen und die Realität des Himmels – das Reich Gottes – auf die Erde herabbringen.

Kapitel 3

Den richtigen Kampf kämpfen

Das Wesen eines jeden Einzelnen setzt sich aus verschiedenen Faktoren zusammen. Dazu gehören Dinge wie die grundsätzlichen Gaben und Talente, das Wissen und die Erfahrungen eines jeden Menschen wie auch seine Ängste und sozialen Verletzungen, die sein Denken und seine Wahrnehmung anderer beeinflussen. Wir werden dieses zusammengesetzte Mosaik, das die Persönlichkeit eines Menschen ausmacht, in diesem Buch als die «Seele» bezeichnen.

Gruppen verfügen ebenfalls über eine Seele, die sich aus all den oben genannten Faktoren zusammensetzt und die das Denken, die Wahrnehmung und das Verhalten der Gruppe bestimmt. Gemeinden, Unternehmen, Sport-Teams und Clubs haben alle eine solche zusammengesetzte Seele, die man erkennen muss, um mit dieser Gruppe richtig in Beziehung treten zu können. Das Gleiche gilt auch für ganze Nationen und sogar für grössere kulturelle Gruppierungen, wie Religionsgemeinschaften oder Rassenzugehörigkeit. Darüber hinaus gibt es etwas, das wir als «die menschliche Seele» bezeichnen könnten, die das gesamte Gefüge der Menschheit an sich beschreibt.

Genau so wie sich Menschen verändern, wenn sie an Reife zunehmen oder unterschiedliche Erfahrungen durchmachen, entwickeln sich auch ganze Gemeinden, Teams, Vereinigungen und andere Gruppierungen. Diese Veränderungen können mitunter sehr drastische Formen annehmen, wenn Einzelne aus der Gruppe ausscheiden oder dazustossen. Selbst grössere Einheiten wie die Armee oder ein grosser Industriebetrieb können dramatische Veränderungen erfahren, wenn nur ein einzelner Leiter ausgetauscht wird. Es ist auch möglich, dass diese Veränderungen nach einer einzelnen Erfahrung oder einem Erlebnis auftreten wie z.B. einer Schlacht oder – auf ein Unternehmen bezogen – einem Ereignis, das seine Wirtschaftskraft beeinflusst.

Es ist unbedingt wichtig, die Seele eines Menschen zu erkennen, wenn wir ihm dienen wollen. In gleicher Weise kann es entscheidend sein, die Seele einer Gruppe zu erkennen, wenn wir dieser Gruppe dienen wollen. Selbstverständlich ist es für den Dienst der Gemeinde in unserer Zeit von zentraler Bedeutung, dass wir die grössere «menschliche Seele» erkennen, die wesentlich schwieriger zu fassen ist. Es ist wahr, dass mit der zunehmenden Grösse einer Gruppe die Merkmale ihrer Seele auch allgemeiner werden, was dazu führen kann, dass gelegentlich zu stark verallgemeinert wird. Gerade deshalb ist es für jeden wichtig, der berufen ist, in dieser Welt Seelen zu gewinnen, die Seele des Einzelnen zu erkennen. Wir müssen uns dabei stets vor Augen halten, dass der «Missionsbefehl» besagt, dass wir alle Völker zu Jüngern machen sollen, nicht nur einzelne Menschen. Daher müssen wir die Nationen genau erkennen, denen wir dienen sollen.

Die grundlegende Festung

In diesen letzten Tagen verstärkt sich der Kampf, der um die Seele des Menschen tobt, bis aufs Äusserste. Dieser Kampf findet in jedem Einzelnen statt, in jeder Gemeinde, in jeder Stadt und jeder Nation. Wer diesen Kampf nicht erkennt, wird letzten Endes darin unterliegen. Aber ehe wir an dieser Stelle weitergehen und uns mit den anderen grossen Festungen und Gedankengebäuden befassen, mit denen das Böse die Menschen geknechtet hält, müssen wir die grundlegende Macht verstehen und erkennen, mit deren Hilfe der Teufel die Menschen in Gefangenschaft hält, um sie an seinen Willen zu binden – diese Macht ist die *Angst!*

Der Teufel setzt die Angst ein, um die Welt zu unterdrücken, wie der Herr den Glauben gebraucht, um die Menschen frei zu machen, damit sie ihm dienen können. Der Glaube führt uns grundsätzlich in den Herrschaftsbereich Gottes, in sein Reich. Dort finden wir die Freiheit, die es uns erlaubt, diejenigen zu sein, wozu wir geschaffen wurden. Der Kampf zwischen Glaube und Angst tobt in jeder Seele, und er bestimmt, ob wir ein erfolgreiches Leben führen oder nicht – ob wir das erreichen, wozu wir geschaffen und mit Gaben ausgestattet wurden.

Der Verlauf unseres Lebens wird entweder von Glaube oder von Angst bestimmt. Wir haben die Entscheidung, von welchem der beiden wir uns leiten lassen. Als Zweites müssen wir uns dafür entscheiden zu kämpfen. Eine grundlegende Definition von Glaube könnte sein, Angst zu bekämpfen. Natürlich bedeutet Glaube mehr als nur allein das, aber es ist auf jeden Fall ein grundlegender Bestandteil. Wir müssen unsere Hände für diesen Kampf stärken, und wir benötigen eine unerschütterliche Entschlossenheit, jede Furcht und Angst zu überwinden, die unser Leben beherrschen will. Wir müssen die Ängste in unserem Leben durch einen Glauben ersetzen, der unbeirrbar Schritt für Schritt auf die Erfüllung unserer individuellen Bestimmung zugeht.

Obwohl die grundlegende Richtung unseres Lebens dadurch bestimmt wird, ob wir Angst oder Glauben die Herrschaft in unserem Leben überlassen, gibt es immer noch verschiedene Abstufungen dieser Herrschaft. Wir befinden uns stets in dem Masse unter der Kontrolle des Bösen, in dem wir es zulassen, dass Angst unser Leben kontrolliert. Deshalb lesen wir auch in Römer 14,23b: «Alles, was nicht aus Glauben geschieht, ist Sünde.» Wenn wir von Angst kontrolliert werden, dann ist die Angst unser Meister. Wenn wir im Gehorsam dem Herrn gegenüber leben wollen, dann benötigen wir dafür Glauben. Wie in Hebräer 10,38–39 ganz eindeutig geschrieben steht:

Mein Gerechter aber wird durch den Glauben leben; doch wenn er zurückweicht, habe ich kein Gefallen an ihm. Wir aber gehören nicht zu denen, die zurückweichen und verloren gehen, sondern zu denen, die glauben und das Leben gewinnen.

Es muss ein grundlegendes Ziel in unserem Leben sein, im Glauben zu wachsen und jeder Kontrolle zu widerstehen, die Angst noch über uns hat. Das ist ein Prozess, in dessen Verlauf unser Sinn erneuert werden muss; unser ganzes Denken muss verändert werden, wie wir uns selbst und die Welt um uns herum sehen und wahrnehmen. Wir sind diejenigen, die bestimmen, ob Angst oder Glaube an Gott unsere Handlungen und unser Denken bestimmt.

Einer gegen die Vielen

Wir müssen festhalten, dass der Glaube an Gott stets im Singular steht, aber dass es immer eine Vielzahl von Ängsten gibt, die uns beherrschen und kontrollieren möchten. In unserem Leben im Glauben liegt eine Schlichtheit, die uns wirklich frei macht. Angst ist viel komplizierter.

Eine der grundlegendsten Ängste, die uns immer wieder zu überwältigen droht, ist Menschenfurcht. Unter diesem Oberbegriff kann man eine Vielzahl anderer Ängste zusammenfassen, wie zum Beispiel die Angst vor Ablehnung, die Angst vor Versagen, die Angst, beschämt oder gedemütigt zu werden, und so weiter. Deswegen gilt auch, dass wir umso mehr Frieden, Ruhe und Erfüllung in unserem Leben erfahren, je mehr unser Glaube an Gott zunimmt.

Der grösste Teil unseres Versagens, unserer Ablehnung und sogar Demütigung kommt eigentlich daher, dass wir in diesen Bereichen noch von Angst kontrolliert werden. Angst lässt uns Dinge tun, die wir sonst nicht getan hätten, wenn wir in diesen Bereichen im Glauben leben würden. Wie jemand einmal gesagt hat: «Angst ist Glaube im Blick auf die Dinge, die du nicht willst.» Auf diese Weise setzt Angst die Dinge erst wirklich frei, vor denen wir uns fürchten.

Selbst Tiere haben die Fähigkeit, Angst zu erkennen und darauf zu reagieren. Studien haben erwiesen, dass beinahe jedes Raubtier die Angst seiner Beutetiere spüren kann, die es auf die Verletzbarkeit seines Opfers aufmerksam macht. Wahrscheinlich sind die meisten von uns schon Zeugen gewesen, wie jemand, der sich vor Hunden fürchtet, scheinbar unweigerlich auch in dem zahmsten Haustier Angriffslust hervorruft. Das ist eine nur natürliche Folge, da in den Tieren der Jagdinstinkt dadurch geweckt wird, dass sie die Angst ihrer Beute spüren.

Es gibt eine Ordnung in dieser gefallenen Welt, die in der ganzen Natur immer wieder anzutreffen ist und genauso auch beim Menschen. Diese Ordnung nennt man oft auch die «Hackordnung». Die Hackordnung entscheidet darüber, wer das Sagen hat, wer unter wem steht, ganz hinunter bis zum letzten Platz. Man kann sich fast jede Gruppe von Tieren – Pferde, Hunde, Schafe oder Gänse – oder auch von Menschen ansehen und sie an irgendeinem Ort zusammenbringen, und sofort kommt es zu heftigen Kämpfen, bis die Hackordnung feststeht. Darauf folgt dann ein beständiger Kampf, den eigenen Platz dadurch zu sichern, indem wir die aufstrebenden Elemente unter uns unterdrücken, und weiter selbst aufzusteigen, indem wir die Höherstehenden hinausdrängen. Das ist einer der Hauptgründe für die beständigen und andauernden, grundlegenden zwischenmenschlichen Konflikte.

Dieses Bestreben, die eigene Position innerhalb einer Gruppe zu sichern, ist sowohl die Folge der ausgesprochenen Berufung des Menschen, nämlich die Erde zu beherrschen, als auch der Perversion dieser Berufung, nämlich diese Herrschaft für unsere selbstsüchtigen Zwecke zu missbrauchen, statt allen zu dienen, über die wir herrschen sollen. Daher ist es nur natürlich, dass jemand, der die Angst bei anderen wahrnimmt, beinahe unwillkürlich anfängt, denjenigen zu unterdrücken und zu dominieren. Das ist genau das Gleiche, was uns der Feind unserer Seelen geistlich gesehen antut. Angst ruft dämonische Mächte herbei, die den Verletzbaren wie einen Mückenschwarm umgeben. Gleichzeitig gilt aber auch, dass Glaube sie abwehrt und zurückstösst.

Daher ist es die grundlegende Bestimmung eines jeden Christen, in dem Glauben zu leben, der den Versuchen des Feindes widersteht, uns zu beherrschen und zu kontrollieren. Anschliessend müssen wir an unserer Herrschaft und unserem Glauben wachsen, um anderen dienen zu können, indem wir sie freisetzen und nicht kontrollieren und beherrschen.

Die Hackordnung in der Gemeinde

Ich bin überzeugt, dass einer der Hauptgründe für die heutige Sucht nach Sport darin zu finden ist, dass dabei der Kampf um die Hackordnung so unverhohlen ausgefochten wird. Wer in der Bewertung vorne liegt, wird von den Teams entschieden, die sich im Kampf um die Meisterschaft gegenüberstehen. Des Weiteren verfügen wir noch über andere Wege, wie wir Einzelne bewerten und einschätzen können – Tore, Torchancen, Ballkontakte, erfolgreiches Abspielen, Ballabnahmen, Eckbälle, Elfmeter bis zu der Anzahl der Länderspiele. Wir befinden uns in einem beständigen Wettlauf, um festzulegen, wer an der Spitze steht, und wo jeder andere seinen Platz hat. Wir müssen verstehen, dass jeder Wettkampf letzten Endes *immer* darum geht, die Hackordnung aufzurichten.

Das Gleiche gilt auch für die Geschäftswelt. Gewinne, Marktanteile und ähnliche Dinge bestimmen unseren Erfolg im Geschäft. Wie wir bereits erwähnt haben, ist diese Neigung das Ergebnis von guten Eigenschaften, die dem Menschen gegeben wurden, damit er seine Bestimmung erfüllen kann, die aber pervertiert worden sind. Ich habe nach Jahren von aktivem Basketball, Golf oder anderen Sportarten mit meinen Angestellten oder Mitarbeitern herausgefunden, dass sehr häufig diejenigen, die auf dem Sportplatz den grössten Ehrgeiz entwickeln auch das meiste bei der Arbeit erreichen. Aber wir müssen dennoch verstehen, dass unser ehrgeiziges Wesen erlösungsbedürftig ist und auf das richtige Ziel ausgerichtet werden muss, da wir sonst lediglich einen neuen Turm zu Babel bauen, statt gebraucht zu werden, das Reich Gottes zu predigen und zu verbreiten.

Ich habe das Vorrecht gehabt, einige der grossen geistlichen Leiter unserer Zeit kennen zu lernen. Ich bin überzeugt, dass einige der grössten christlichen Leiter, die es jemals gegeben hat, heute unter uns leben. Gerade deshalb ist es für mich interessant, die Reaktionen der einflussreichsten christlichen Leiter zu beobachten, wenn sie für eine bestimmte Zeit zusammen in einen Raum gesteckt werden. Selbst wenn es nur auf sehr verborgene Weise geschieht, wird dennoch der Kampf um die Hackordnung sehr schnell ausbrechen.

Alle, die ihren Dienst auf der Grundlage guter Kommunikations- und Werbestrategien aufgebaut haben, werden sehr schnell versuchen, ihre Position innerhalb der Gruppe zu sichern und die anderen zu dominieren. Sie fühlen sich ganz offensichtlich unwohl, wenn sie nicht Herr der Lage sind; und in solchen Situationen kann es bisweilen sogar zu verzweifelten Versuchen kommen, die Kontrolle an sich zu reissen.

Ganz im Gegensatz dazu verbreiten diejenigen mit echter geistlicher Autorität eine Atmosphäre des Friedens um sich herum. Sie verbringen ihre Zeit damit, andere kennen zu lernen, sie stellen Fragen über die Dinge, die andere tun, statt zu versuchen, mit allen Mitteln klarzustellen, dass sie die Grössten im Raum sind. Die Würde und Edelmütigkeit von echter geistlicher Autorität kann bei so starken Gegensätzen wirklich wunderbar beobachtet werden. Eine der wichtigsten Textstellen in der Bibel, die sich mit diesem grundlegenden Thema beschäftigt, findet sich in 2. Korinther 10,8–12:

> *Und wenn ich etwas mehr auf unsere Vollmacht poche, werde ich mich nicht zu scheuen brauchen. Der Herr hat sie mir allerdings verliehen, damit ich bei euch aufbaue, nicht damit ich niederreisse; ich möchte nicht den Anschein erwecken, als wollte ich euch durch meine Briefe einschüchtern. Ja, die Briefe, wird gesagt, die sind wuchtig und voll Kraft, aber sein persönliches Auftreten ist matt und seine Worte sind armselig. Wer so redet, der soll sich merken: Wie wir durch das geschriebene Wort aus der Ferne wirken, so können wir auch in eurer Gegenwart tatkräftig auftreten. Wir sind allerdings nicht so vermessen, uns gleichzustellen oder zu vergleichen*

mit gewissen Leuten, die sich selbst anpreisen. In ihrem Unverstand messen sie sich an sich selbst und vergleichen sich mit sich selbst.

Es ist in unserer Welt eine natürliche und selbstverständliche Neigung, ehrgeizig nach der Sicherung unserer eigenen Position zu streben, um als erfolgreich in der Welt zu gelten. Wenn wir aber diese Neigung in unser geistliches Leben mit hinübernehmen, wird sie uns zu einem Stolperstein werden, der uns davon abhält, in echter geistlicher Autorität zu wachsen. Wenn sich jemand selbst mit anderen vergleicht, ist das ein eindeutiger Hinweis darauf, dass der Betreffende kein wirkliches Verständnis des Reiches Gottes hat. Alle, die wirklich erfasst haben, worum es im Reich Gottes geht, freuen sich darüber, wenn es weiter ausgebreitet wird, ganz gleichgültig, durch wen der Erfolg kommt, selbst wenn es bedeutet, dass ihr eigener Dienst abnimmt, wie wir es auch bei Johannes dem Täufer gesehen haben.

Dienste, die sich in Konkurrenz zu anderen Diensten befinden, arbeiten nicht für die Ausbreitung des Reiches Gottes, sondern nur für ihr eigenes, kleines Reich. Gemeinden, Denominationen oder Bewegungen, die mit anderen in Konkurrenz stehen, bauen nicht am Reich Gottes, sondern sie sind in eine Falle des Teufels getappt; und sie versuchen stattdessen, auf ihr eigenes, gefallenes Wesen zu bauen und nicht auf den Geist Gottes.

Schon häufig haben mich Menschen aus solchen Gemeinden, Diensten oder Denominationen mit einem offensichtlichen Geist der Konkurrenz gefragt, ob sie überhaupt dort bleiben sollten oder lieber nicht. Meine Meinung hat sich an diesem Punkt noch nie verändert. Wir müssen uns fragen, am Bau welchen Königreichs wir beteiligt sein wollen. Solange Sie kein klares und eindeutiges Reden Gottes empfangen haben, als Missionar in einem solchen Werk oder Dienst zu bleiben, sollten Sie keine Zeit darauf verschwenden, das falsche Reich zu bauen. Wenn wir wirklich die Freiheitskämpfer sein wollen, zu denen wir berufen sind, dann müssen wir in der richtigen Armee mit dem richtigen Geist kämpfen.

Unsere ehrgeizige und wettbewerbsorientierte Natur kann zum Guten oder zum Schlechten eingesetzt werden. In mancherlei Hinsicht kann unser Ehrgeiz auch dazu dienen, einander zu Liebe und zu guten Werken anzureizen. Ricky Skaggs und Wellington Boone sind zwei meiner besten Freunde. Sie waren einmal zusammen bei einem Treffen in Nashville, als Ricky den Eindruck hatte, einigen anwesenden Leitern aus der Baptistengemeinde die Füsse waschen zu sollen. Wellington sagte sich augenblicklich: «Ich kann doch nicht zulassen, dass Ricky demütiger ist als ich!» Deshalb kniete sich Boone ebenfalls hin und versuchte, noch mehr Füsse zu waschen als Ricky.

Ich war gespannt, was für Früchte aus dieser Aktion entstehen würden, da diese Form des Wettbewerbs für mich neu war. Es scheint so stark gewesen zu sein, dass ich noch Jahre nach diesem Meeting immer wieder davon hörte. Es hat den Anschein, dass alle Anwesenden so stark unter die Überführung des Heiligen Geistes gekommen waren, dass überall neue liebevolle Beziehungen aufgebaut wurden, indem die Leiter neu anfingen, den anderen höher zu schätzen und wichtiger zu nehmen als sich selbst – das waren Beziehungen, die meines Wissens nach bis zum heutigen Tag halten.

Was würde geschehen, wenn ganze Gemeinden sich entscheiden würden, mehr Zeit damit zu verbringen, über die grossen Dinge zu reden, die Gott in anderen Gemeinden tut, als über sich selbst zu reden? Was würde geschehen, wenn wir unter den Gemeinden in unserer Umgebung einen Wettbewerb ausrufen würden, wer das meiste dazu tun könnte, die anderen Gemeinden aufzubauen? Was würde geschehen, wenn wir anfangen würden, unseren Erfolg daran zu messen, wem wir alles zum Erfolg verholfen haben? Ich kann Ihnen sagen, was dann geschehen würde. Wir würden anfangen, einander zu lieben, und wir würden zu einer derartigen Einheit finden, dass die ganze Welt anfangen würde zu glauben, weil sie Zeugen des Wunders wären, dass die Christen einander lieben.

Ob es uns gefällt oder nicht, es gibt eine Rangordnung im Himmel. Ob es uns gefällt oder nicht, findet hier auf Erden gerade ein Wettkampf statt, auf welcher Position wir unsere Ewigkeit verbringen werden. Das mag scheinbar dem oben Gesagten widersprechen, tut es aber nicht. Es gibt eine gute Art von Konkurrenz und Wettkampf und eine schlechte. Was ich hier sage, wird eindeutig durch die Schrift belegt. Was schlecht ist, und was vom Herrn bei seinen Jüngern streng getadelt wurde, ist, wenn wir miteinander über die Rangordnung streiten, anstatt draussen unterwegs zu sein und die Arbeit des Reiches Gottes zu tun.

Gleichzeitig ist es auch offensichtlich, dass der Herr es für den Augenblick so eingerichtet hat, dass wir unsere Position nicht erkennen können, solange wir auf dieser Erde leben. Deshalb schrieb der Apostel Paulus auch gegen Ende seines Lebens, dass er nicht behaupte, es schon ergriffen zu haben, aber dass er der hohen, himmlischen Berufung Gottes in Christus Jesus nachjage (vgl. Philipper 3,12–14).

Wie Aaron, der Hohepriester, die Steine aller Stämme Israels auf dem Herzen tragen musste, müssen auch wir, wenn wir in der hohen Berufung Gottes leben wollen, das ganze Volk Gottes auf unserem Herzen tragen, nicht nur unseren eigenen, kleinen Stamm. Daher möchte ich andere Gemeinden und Bewegungen zu einem freundschaftlichen Wettkampf herausfordern. Es ist mir durchaus bewusst, dass wir den Punktestand erst am grossen Gerichtstag erfahren werden, aber wir, die MorningStar Fellowship Church, wollen im Himmel als die Bewegung bekannt werden, die das meiste dazu beigetragen hat, anderen Gemeinden und Bewegungen dabei zu helfen, zu überwinden und in ihrer Berufung siegreich zu sein. Ich fordere Sie heraus, uns auf diesem Gebiet zu schlagen.

Kapitel 4

Von Dämonen bis zu Weltbeherrschern

Es gibt verschiedene Ebenen von dämonischen Mächten, welche die Welt angreifen. Sie reichen von dämonischen Angriffen auf Einzelne über Fürstentümer, die nach der Vorherrschaft über ganze Regionen und Nationen streben, bis zu «Weltbeherrschern», welche die ganze Welt beherrschen wollen.

Als der Terroristenführer Osama bin Laden prophezeite, dass Amerika vom Norden bis in den Süden und vom Westen bis in den Osten von Angst ergriffen werden würde, sprach er eine dämonische Prophetie aus, die einen eindeutigen Hinweis auf die Strategie des Feindes gegen Amerika darstellte. Weil der Feind stets danach strebt, die Werke Gottes zu hindern oder zu vernichten, können wir daraus schliessen, dass es der Plan Gottes ist, in Amerika vom Norden bis in den Süden und vom Westen bis in den Osten neuen Glauben freizusetzen. Wir stehen wirklich kurz vor einer weiteren Zeit des «grossen Erwachens», das Amerika erneut überziehen wird.

Wenn der Feind seine Angriffe weltweit intensiviert, um die Aussenpolitik durch Angst und Terror zu beherrschen, können wir gleichzeitig davon ausgehen, dass dies die grösste Gelegenheit darstellt, an jedem Ort, den der Feind angreift, neuen Glauben freizusetzen. Glaube ist wesentlich stärker als Angst, und Glaube wird letzten Endes immer den Sieg davontragen.

Die irdischen Regierungen müssen den Kampf gegen den Terror auf der Ebene der natürlichen Waffen durchführen, aber nur die Gemeinde kann den endgültigen Sieg über diesen Feind gewinnen. In Epheser 6,12 lesen wir: «Denn wir haben nicht gegen Menschen aus Fleisch und Blut zu kämpfen, sondern gegen die Fürsten und Gewalten, gegen die Beherrscher dieser finsteren Welt, gegen die bösen Geister des himmlischen Bereichs." Wir stehen nicht in einem Kampf gegen Fleisch und Blut; es ist ein geistlicher Kampf, der mit geistlichen Waffen ausgefochten werden muss, wenn wir einen echten und dauerhaften Sieg erringen wollen.

Die Angriffe der Dämonen auf Einzelne gleichen im Grunde genommen den Angriffen eines Fürstentums auf eine ganze Stadt oder Region. Beide beginnen einfach damit, dass sie versuchen, Einfluss zu gewinnen. In der Folge verstärken sie ihren Einfluss, bis sie die Kontrolle über die Handlungen derer gewonnen haben, die sie beherrschen wollen. Wenn das bei einem Einzelnen geschieht, nennt man es, von einem Dämon «besessen» zu sein. Wenn die Kontrolle durch den Dämon noch nicht so stark ist, bezeichnet man es häufig als dämonische Bedrückung oder Belastung. In gleicher Weise können Städte, Regionen oder sogar ganze Nationen von den stärkeren Mächten des Bösen besessen werden.

Den Christen wurde Autorität über die Dämonen gegeben. Kein Christ, der die Autorität unseres Herrn Jesus Christus kennen gelernt hat, sollte sich je davor fürchten, von einem Dämon besessen zu sein. Wenn ein Christ im Glauben vorangeht, dann setzt das die Autorität Gottes frei, die dafür sorgt, dass die Dämonen uns fürchten und vor uns fliehen. Dämonen zu erkennen, zu konfrontieren und auszutreiben ist ein Teil des normalen, biblischen Christseins.

Die nächste Ebene der geistlichen Autorität des Bösen, die in der Schrift beschrieben wird, sind die «Fürsten und Gewalten». Wie wir bereits zuvor erwähnt haben, sind sie mächtiger als Dämonen, und sie streben nach der Herrschaft über ganze Regionen oder Nationen, nicht nur über Einzelne. Obwohl jeder Christ über die Autorität verfügt, Dämonen auszutreiben, treiben wir Fürsten und Gewalten nicht aus; mit ihnen müssen wir «kämpfen», um sie zu entmachten. Diese Ebene des geistlichen Kampfes wird in den anderen Büchern behandelt, die ich geschrieben habe, wie *Die grossen Schlachten der letzten Tage*

(Epic Battles of the Last Days), Die Armee Gottes mobilisieren (Mobilizing the Army of God) und *Eine prophetische Vision für das 21. Jahrhundert (A Prophetic Vision for the 21st Century).*

Es gibt noch eine weitere, höhere Ebene des Bösen, die wir «Weltbeherrscher» nennen. Sie beeinflussen nicht nur Einzelne oder ganze Regionen, sondern sie versuchen sogar, einen Grossteil der Welt zu beherrschen. Mit dieser Ebene des Bösen befasse ich mich in meinem Buch Prophetische Zeichen (Shadows of Things to Come). Über dieser Ebene steht der Herr des Bösen, Satan selbst. Wir Christen sind berufen, das Böse auf all diesen Ebenen zu bekämpfen. Aber wir werden nur in dem Mass über echte geistliche Autorität verfügen, in dem der König selbst in uns lebt, oder auch in dem Mass, in dem wir im Herrn bleiben. Wenn wir an Autorität zunehmen, die sich an unserem wachsenden Glauben erweist, werden wir auch berufen, die Kämpfe auf den höheren Ebenen auszufechten.

Im Allgemeinen ergreifen nur Dämonen von Einzelpersonen Besitz, und der Kampf, den die meisten Christen durchstehen müssen, ist sehr persönlicher Natur. Dabei geht es hauptsächlich um das Böse, das versucht, sich zu unserem Leben Zutritt zu verschaffen. Wenn wir auf dieser Ebene siegreich sind und uns grössere geistliche Autorität anvertraut wird, können wir berufen werden, dem Bösen auf einer höheren Ebene entgegenzutreten und nach der Befreiung einer ganzen Gegend oder auch einer Nation von der Herrschaft des Feindes zu trachten. Wie mein Freund Francis Frangipane so schön sagt: «Auf jeder neuen Ebene treffen wir auf neue Teufel.» Das klingt vielleicht nicht allzu ermutigend; aber eine Art, wie wir wissen können, dass wir im Bereich von geistlicher Autorität befördert worden sind, besteht darin, dass wir nun mit grösseren Dämonen zu kämpfen haben.

Francis Frangipane hat ein Buch geschrieben, das viele für das Grossartigste halten, das jemals über geistliche Kampfführung geschrieben wurde: *Geistlicher Kampf auf drei Ebenen (The Three Battlegrounds).* In dieser klassischen Botschaft erläutert er, wie der Kampf gegen das Böse mit dem Kampf in unseren eigenen Gedanken beginnt. Wenn wir hier den Sieg davontragen, müssen wir dann um den Sieg in der Gemeinde kämpfen. Erst wenn die Gemeinde in einer Region siegreich ist, wird sie die Fürsten dort entmachten können. Dieses Buch stellt eine sehr praktische, schrittweise Anleitung dar, wie wir solche Siege erringen können.

Wenn wir solche nationale oder sogar internationale geistliche Autorität erhalten wollen, können wir davon ausgehen, dass uns Mächte und Gewalten angreifen werden. Wenn uns Autorität gegeben wird, die in der Lage ist, die ganze Welt zu beeinflussen, dann werden wir irgendwann einmal einem solchen Weltbeherrscher gegenübertreten müssen. Der Apostel Paulus war ein solcher Mann, deshalb musste er auch dem Kaiser gegenübertreten. Weil Jesus die höchste Autorität im Reich Gottes ist, musste er auch mit Satan selbst konfrontiert werden und den Sieg erringen.

Weil der Kaiser über derart umfassende Macht verfügte, wurde er auch nicht nur von irgendeinem Dämon kontrolliert, sondern von einem Weltbeherrscher. Satan muss Menschen gebrauchen, die seinen Willen ausführen, wie auch der Herr durch sein Volk wirkt. Daher ist es auch ganz unvermeidlich, dass wir mit zunehmender geistlichen Autorität auf den Widerstand derjenigen Menschen stossen, die durch stärkere dämonische Mächte kontrolliert werden. Das ist nichts, was wir fürchten müssten, da der Eine, der in uns lebt, viel grösser ist als alle Macht des Bösen zusammengenommen. Wenn wir auf einer höheren Ebene angegriffen werden, sollte das sogar eine Ermutigung für uns sein.

Es gibt einschneidende Ereignisse, die dramatische Veränderungen auf der ganzen Welt auslösen. Wenn es sich dabei um negative Ereignisse handelt, können wir mit Sicherheit davon ausgehen, dass ein Weltbeherrscher dahinter steckt. Wir alle sind am 11. September 2001 Zeugen eines solchen Ereignisses geworden. Das war der Beginn eines weiteren strategischen Angriffs von Angst und Schrecken, der von der Ebene eines Weltbeherrschers aus geführt wurde. Dieser Angriff betraf nicht nur die Vereinigten Staaten; an diesem Tag wurde die ganze Welt erschüttert. Es ist nur richtig, dass inzwischen die Regierungen aller zivilisierten Länder der Welt den Terrorismus zum grössten Feind der Weltbevölkerung erklärt haben – er ist es auch. Aber hierbei handelt es sich um einen geistlichen Feind, der nicht allein durch Bomben und Kugeln besiegt werden kann. Die einzelnen Christen müssen die Ängste überwinden, die noch in ihrem eigenen Leben herrschen, und anschliessend muss die Gemeinde das Gleiche tun. Dann müssen wir uns erheben und an den Ort des Glaubens und der Autorität gelangen, von dem aus wir schliesslich den Weltbeherrscher konfrontieren können, der die ganze Welt bedroht.

Die zwei Mandate

Wenn wir anerkennen, dass der wirkliche Kampf geistlicher Natur ist und nicht im Natürlichen begründet ist, bedeutet das aber nicht, dass wir die Notwendigkeit und Richtigkeit des Kampfes leugnen, den unsere Regierungen auf der natürlichen Ebene durchstehen müssen. In Römer 13,1–4 finden wir diesbezüglich eine genaue Anweisung:

> *Jeder leiste den Trägern der staatlichen Gewalt den schuldigen Gehorsam. Denn es gibt keine staatliche Gewalt, die nicht von Gott stammt; jede ist von Gott eingesetzt.*
> *Wer sich daher der staatlichen Gewalt widersetzt, stellt sich gegen die Ordnung Gottes, und wer sich ihm entgegenstellt, wird dem Gericht verfallen.*
> *Vor den Trägern der Macht hat sich nicht die gute, sondern die böse Tat zu fürchten; willst du also ohne Furcht vor der staatlichen Gewalt leben, dann tue das Gute, sodass du ihre Anerkennung findest.*
> *Sie steht im Dienst Gottes und verlangt, dass du das Gute tust. Wenn du aber Böses tust, fürchte dich! Denn nicht ohne Grund trägt sie das Schwert. Sie steht im Dienst Gottes und vollstreckt das Urteil an dem, der Böses tut.*

Wie wir an diesem Text erkennen können, haben unsere staatlichen Regierungen von Gott das Mandat erhalten, das Böse zu rächen und das Urteil an allen zu vollziehen, die auf der Erde Böses tun. Aus diesem Grund ist den staatlichen Regierungen auch das Schwert, oder die militärische Macht, gegeben. Wir sollen stets für unsere Regierung und für die erfolgreiche Durchführung ihrer Aufgabe beten, das Urteil an allen zu vollstrecken, die Böses tun. In der ganzen Bibel erkennen wir immer wieder, dass der Herr meistens die militärische Macht anderer Nationen gebrauchte, um sein Wort des Gerichts an einer bestimmten Nation oder an einem Volk zu erfüllen.

Wir brauchen staatliche Regierungen, damit die Ordnung so weit wie möglich erhalten werden kann, bis das Reich Gottes anbricht, in dem Gerechtigkeit und Recht auf der Erde wiederhergestellt werden. Weil nun gefallene Menschen diese Autorität ausüben, wird sie niemals auf vollkommene Weise ausgeübt werden. Aber sie hält wenigstens die Kräfte zurück, die den vollständigen Zusammenbruch jeder Ordnung und Autorität herbeiführen wollen. Staatliche Autorität und Gewalt ist von Gott eingesetzt, aber wir dürfen sie nicht mit der Autorität des Reiches Gottes verwechseln.

Ein anderer Geist

Als Christen verfügen wir über ein anderes Mandat für unsere Autorität. Wir leben nicht in dieser Zeit, um das Böse zu rächen, sondern wir sollen vielmehr unsere Feinde lieben und für sie beten. Unser Kampf ist nicht gegen Menschen gerichtet, sondern gegen alles, was die Menschen in Knechtschaft gefangen hält. Der grösste Sieg überhaupt wäre die Umkehr und Rettung unserer Feinde. Viele Christen haben grosse Schwierigkeiten, den Unterschied zwischen den beiden Mandaten zu verstehen, die der staatlichen Gewalt und der Gemeinde übertragen wurden. Aber es ist von grosser Bedeutung, dass wir diese Frage in unserem Herzen klären, wenn wir bei unserer Aufgabe erfolgreich sein wollen, die geistlichen Festungen einzureissen, welche die Menschen noch gefangen halten.

Unsere staatlichen Regierungen führen einen gerechten Kampf gegen das Böse, wenn sie gegen den Terrorismus und gegen Regierungen kämpfen, die den internationalen Terrorismus stützen. Und dennoch ist die Gemeinde zu einem ganz anderen Kampf berufen. Wir sind berufen, den unsichtbaren Kampf zu kämpfen, der an «himmlischen Örtern» ausgetragen wird. Unser Kampf ist geistlicher Natur.

Das bedeutet wiederum nicht, dass Christen sich nicht der Armee ihres Landes anschliessen dürfen, um den Kampf auf der Ebene der staatlichen Gewalt aufzunehmen. Dabei müssen sie sich aber immer im Klaren darüber sein, dass ihre Autorität, solange sie unter dem Befehl der staatlichen Gewalt stehen, durch ihre natürlichen Waffen ausgeübt wird, nicht durch ihre geistlichen. Das heisst nicht, dass Soldaten, die Christen sind, nicht beten dürfen und dass sie nicht versuchen sollten, gleichzeitig ihre geistliche Autorität auszuüben. Aber wenn Sie in der Schlacht stehen, dürfen Sie Ihr Maschinengewehr nicht aus der Hand legen, um das zu tun! Wenn Sie unter dem Befehl der staatlichen Gewalt stehen, dürfen Sie nicht zögern, die Waffen einzusetzen, die Ihnen die Regierung für diesen Kampf in die Hand gegeben hat.

In gleicher Weise gilt auch, dass wir, wenn wir unter dem Mandat stehen, das der Gemeinde übergeben wurde, nicht autorisiert sind, für unseren Kampf die Waffen einzusetzen, die für den Kampf gegen Fleisch und Blut bestimmt sind. Deshalb werden «christliche Milizen», die sich mit Gewehren und anderen natürlichen Waffen ausrüsten, immer nur von Angst und Verfolgungswahn motiviert sein. In Wirklichkeit lassen sie sich selbst vom Bösen kontrollieren, da sie sich unter keines der beiden Mandate für Autorität richtig eingefügt haben, die Gott den Menschen gegeben hat.

Geistliche Autorität ist immer etwas, in das wir hineinwachsen müssen. Mit zunehmender Reife wird uns mehr Autorität übertragen, und wir empfangen grössere Aufträge vom Herrn. Das erweist sich stets an unserem zunehmenden Glauben, der von einer Ebene zur nächsten fortschreitet. Wir können in der Apostelgeschichte sehen, dass Paulus bereits viele Jahre vorher zum Apostel berufen worden war, ehe er schliesslich für diesen Dienst freigesetzt wurde. Mit dieser Freisetzung erhielt er gleichzeitig ein höheres Mass an Autorität. Aber es gilt immer noch: «Viele sind gerufen, aber nur wenige auserwählt.» (Matthäus 22,14) Eine Auslegung für diese Stelle besagt, dass viele berufen sind, aber nur wenige in allem durchhalten, was ihrer Freisetzung noch vorhergehen muss.

Die Tatsache, dass wir in eine hohe Position berufen sind, bedeutet nicht automatisch, dass wir auch Autorität haben. Reife und die Treue, die dran bliebt, bis sie die Verheissungen empfängt, werden letzten Endes die wahre Autorität in uns freisetzen. Wir müssen uns dabei aber im Klaren sein, dass wir geistliche Autorität nicht deswegen erhalten, um den Respekt von Menschen zu verdienen, sondern damit wir in unserem Kampf gegen die Mächte erfolgreich sein können, die andere Menschen zerstören.

Unser erstes Ziel ist es, unsere persönlichen Dämonen und Ängste zu konfrontieren und zu überwinden, damit wir an unserer Autorität wachsen und zunehmen können, um grössere Dämonen herausfordern und überwinden und dadurch andere Menschen befreien zu können. Weil es einen Glauben gibt, der die Welt überwindet, darf unser Ziel auch nicht geringer gesteckt sein – das Böse zu überwinden, das im Moment noch die Welt kontrolliert. Vielleicht werden wir den endgültigen Sturz des Bösen erst sehen, wenn unser König selbst auf die Erde zurückkehrt, aber wir verfügen über das biblische Mandat, alles in unserer Macht Stehende zu tun, um den Weg für sein künftiges

Reich vorzubereiten, indem wir das Böse auf jede nur mögliche Weise bereits jetzt überwinden.

Ich habe an diesem Punkt die Einwände von vielen gehört, die befürchten, das Ganze könnte zu weit getrieben werden. Ich bin mir sicher, dass uns der Herr vergeben wird, wenn wir an diesem Punkt vor lauter Glauben zu weit gehen und einige Festungen des Bösen einreissen, die wir gar nicht hätten einreissen sollen, und wenn wir mehr Menschen retten, als es eigentlich unsere Berufung gewesen wäre!

Eine Art, wie der Feind einen grossen Teil der evangelikalen, pfingstlichen und charismatischen Christen in Knechtschaft gebunden gehalten hat, bestand darin, ihnen einzureden, dass es zwecklos ist, das Böse in der Welt zu bekämpfen, da die ganze Welt ohnehin unter die Herrschaft des Antichristen fallen muss; daher sollten wir uns lediglich darum bemühen, selbst treu zu bleiben, und auf die Entrückung warten. Es gibt eine ganze Reihe von Bibelstellen, die diese Ansicht in Frage stellen, darunter auch die Stelle aus Daniel 11,31–32, die wir bereits in einem der vorhergegangenen Kapitel zitiert haben.

Wir wissen aus der Bibel, dass es bestimmte Bereiche gibt, in denen das Böse zunehmen und eine Zeit lang auf dieser Erde herrschen wird; aber ist das nicht schon immer so gewesen? Der Apostel Johannes schrieb bereits im ersten Jahrhundert: «Die ganze Welt steht unter der Macht des Bösen.» (1. Johannes 5,19b) Sie mag zurzeit unter der Macht des Bösen stehen; aber sie gehört ihm nicht! Er hat die Herrschaft unrechtmässig an sich gerissen, und sie wird ihrem rechtmässigen Besitzer zurückerstattet werden – nämlich dem Herrn, der den endgültigen Preis mit seinem eigenen Leben bezahlt hat, um sie zu erlösen. Wie wir auch in Psalm 24,1 lesen: «Dem Herrn gehört die Erde und was sie erfüllt, der Erdkreis und seine Bewohner.» Das ist die Wahrheit, und wir müssen entschlossen sein, danach zu leben.

Zusammenfassung

Das Haupteinfallstor, das der Feind in unser Leben, in unsere Familien, Schulen und in unsere Welt gefunden hat, ist die Angst. Wir müssen gegen jede Form der Angst aufstehen und den Kampf gegen jede Art der Furcht aufnehmen, die der Feind über die ganze Welt ausbreiten möchte, um seine Kontrolle zu verstärken. Wir müssen hier und jetzt den Entschluss fassen, dass wir es nicht zulassen werden, dass Furcht und Angst den Verlauf unseres Lebens oder unsere künftigen Handlungen bestimmen. Wir haben der Angst den Krieg erklärt.

Wie Präsident Roosevelt einmal gesagt hat: «Wir haben nichts zu fürchten ausser der Furcht selbst.» Wir können diesen Kampf gewinnen, wenn wir an Glauben zunehmen. Echter Glaube hat nichts mit ehrgeizigem Selbstvertrauen zu tun. Er ist die Folge einer lebendigen Beziehung zu dem Gott, der uns liebt, der uns berufen hat und der uns befähigt, alles zu tun, wozu er uns geschaffen hat.

Unser Herr Jesus hat selbst gesagt, dass am Ende des Zeitalters die grosse Ernte eingebracht wird (vgl. Matthäus 13,39). Zurzeit erlebt die Welt die grösste Seelenernte für das Reich Gottes der ganzen Menschheitsgeschichte. Aber wir müssen gleichzeitig verstehen, dass die Ernte auch die Zeit ist, wenn alles zur vollen Reife kommt, was in den Menschen hineingesät wurde, sowohl das Gute wie auch das Schlechte. Deshalb erklären uns auch Schriftstellen wie in Jesaja 60,1–5, dass das Licht und die Herrlichkeit Gottes gerade zu der Zeit über dem Volk des Herrn erscheinen, wenn «Finsternis» und «Dunkel» die Erde bedecken. Deshalb können wir am Ende des Zeitalters auch erwarten, Zeugen zu sein, wie das letzte Joch der Knechtschaft – die Angst – zur vollen Reife gelangt und wie gleichzeitig das Volk Gottes die höchste Ebene von Glauben und Friede erlebt.

Wir stehen kurz davor, die grösste Angst und den grössten Glauben zu erleben, die jemals auf diese Erde losgelassen wurden. Beides wird gleichzeitig stattfinden. Wenn wir nicht an unserem Glauben zunehmen, was sich auch daran erweisen wird, dass wir im Frieden Gottes wachsen, werden wir immer mehr in solche Angst und Sorge fallen, dass Menschen letzten Endes sogar dadurch an Herzversagen sterben werden. Daher ist die einzig mögliche Antwort, wie wir Furcht und Angst bezwingen können, im Glauben und Frieden Gottes zu wachsen, der über jede Vernunft hinausgeht.

Wir müssen zunächst das grundsätzlich böse Wesen der Angst betonen und wie sie gebraucht wird, um unser Leben mit einer Vielzahl von Ketten zu binden. Bereits durch diese Offenbarung werden die Ketten schon anfangen, sich von unserem Leben zu lösen und abzufallen. Der Feind lebt in der Finsternis, und jedes Mal, wenn er durch das Licht blossgestellt wird, fällt seine Macht sehr schnell in sich zusammen. Als Nächstes müssen wir jede Angst in unserem Leben Schritt für Schritt mit einer biblischen Strategie ersetzen, wie wir im Glauben, in der Liebe und im Frieden Gottes wachsen können.

Teil II

Die Wurzeln unserer Gefangenschaft; die Quelle unserer Freiheit

Kapitel 5

Positive Furcht

Ehe wir an dieser Stelle weitergehen, um die Ängste zu beleuchten, welche die menschliche Seele knechten, müssen wir das Wesen der einzigen guten Furcht verstehen, die es gibt – der Furcht des Herrn. «Die Furcht des Herrn ist der Anfang der Weisheit», erfahren wir in Psalm 111,10; Sprüche 9,10 und Hiob 28,28. Wenn die reine und heilige Furcht des Herrn in unserem Leben herrscht, werden wir nichts anderes mehr zu fürchten haben. Es muss unser Ziel sein, nur eine einzige Furcht in unserem Leben zuzulassen, die aber so gross ist, dass sie alle anderen Formen der Furcht und Angst vertreibt.

Damit jemand aus dem Schlaf erwacht, ist für gewöhnlich ein Weckruf nötig. Ein solcher Weckruf kann ein Erschrecken – auch eine Art von Angst – auslösen, wie wir ja sagen, dass jemand «erschrickt», wenn er sich über etwas Sorgen macht oder sich vor etwas fürchtet. Es ist gut, wenn die Gemeinde über das zunehmende Böse in unserer Zeit «erschrickt». Dieses Erschrecken wird dazu beitragen, uns aus unserem Schlaf aufzurütteln. Aber nach unserem Erwachen sollen wir ja nicht von Angst vor dem Bösen kontrolliert werden, sondern von der Furcht des Herrn, die eigentlich ein tiefes Vertrauen und Glauben an den Herrn darstellt.

Die Tatsache, dass die Furcht des Herrn in Wirklichkeit Vertrauen in ihn bedeutet, scheint ein Paradoxon zu sein. Solche paradoxe Aussagen in der Bibel sind oft die Orte, an denen die grössten Schätze der Weisheit und Erkenntnis zu finden sind. Denken Sie nur einmal daran, dass uns in Galater 5 gesagt wird, dass Eifersucht zu den Werken des Fleisches gehört; und gleichzeitig heisst es von Gott, dass er ein eifersüchtiger Gott ist (vgl. Josua 24,19 zum Beispiel). Hat sich Gott also auf ein Werk des Fleisches eingelassen, wenn er eifersüchtig ist? Selbstverständlich nicht. Die Eifersucht Gottes ist nicht wie die der Menschen, da sie ihre Wurzeln nicht in Selbstsucht hat, sondern allein in der Sorge um uns. So ist auch die Furcht des Herrn mit keiner Art von Angst zu vergleichen, durch die der Teufel versucht, die Welt in Finsternis zu stürzen.

Biblische Paradoxe sind aber keine Widersprüche, sondern sie stellen eine Tatsache aus unterschiedlichen Perspektiven dar. Es gibt also einige scheinbare Widersprüche, die durch die Unzulänglichkeit unserer Sprache bedingt sind. Wir können sie aber mit etwas Anstrengung oder einer kleinen Erweiterung unseres biblischen Wortschatzes überwinden.

Die Furcht des Herrn ist der Anfang der Weisheit, aber sie ist weder die endgültige Weisheit noch die letzte Stufe der geistlichen Reife. Wir beginnen unseren Weg zur Reife mit einer gesunden Furcht des Herrn, aber wenn wir an Reife zunehmen, wird sich diese Furcht in Liebe verwandeln, wie wir auch in 1. Johannes 4,16–19 lesen:

> *Wir haben die Liebe, die Gott zu uns hat, erkannt und gläubig angenommen.*
> *Gott ist die Liebe, und wer in der Liebe bleibt, bleibt in Gott und Gott bleibt in ihm.*
> *Darin ist unter uns die Liebe vollendet, dass wir am Tag des Gerichts Zuversicht haben. Denn wie er, so sind auch wir in dieser Welt.*
> *Furcht gibt es in der Liebe nicht, sondern die vollkommene Liebe vertreibt die Furcht. Denn die Furcht rechnet mit Strafe, und wer sich fürchtet, dessen Liebe ist nicht vollendet. Wir wollen lieben, weil er uns zuerst geliebt hat.*

Es muss unser Ziel sein, die vollkommene Liebe Gottes in unserem Leben zu erfahren, die alle böse Furcht austreibt. Die Furcht Gottes ist der Anfang, oder die Grundlage, aller Weisheit. Eine Grundlage ist etwas, auf dem das restliche Gebäude erbaut wird. Wenn sie nicht sorgfältig gelegt ist, wird das ganze Gebäude schwach oder sogar gefährlich sein. Wenn unser Verständnis der

Liebe Gottes nicht zunächst auf der festen Grundlage der reinen und heiligen Furcht Gottes erbaut ist, wird auch unser Verständnis seiner Liebe hinterrücks zu einer menschenzentrierten Form des Idealismus verkommen, der lediglich eine andere Erscheinungsform des Humanismus darstellt.

Ein gutes Fundament

Wenn wir die Liebe Gottes erkennen, so ist das die höhere Weisheit; aber jeder, der versucht, die oberen Stockwerke eines Gebäudes fertig zu stellen, ohne zuvor ein gutes Fundament gelegt zu haben, wird ein sehr instabiles Bauwerk errichten. Im besten Fall wird die Höhe seines Gebäudes einer starken Beschränkung unterliegen. Im schlimmsten Fall steht der ganze Bau in Gefahr einzustürzen. Die grösste Schwäche des modernen, westlich geprägten Christentums besteht in der Tatsache, dass viele Gläubige nur über ein sehr schwaches Fundament der Furcht des Herrn verfügen. Aber nur wenn wir an diesem Punkt ein starkes Fundament haben, werden wir auch wirklich in der Lage sein, die wahre Liebe Gottes zu verstehen, die alle Furcht des Bösen vertreibt.

Deshalb mahnt uns der Apostel Paulus auch in Römer 11,22a: «Erkenne die Güte Gottes und seine Strenge!» Viele, welche die Güte Gottes erkennen, sind überhaupt nicht in der Lage, seine Strenge zu sehen; und viele, die nur seine Strenge sehen, können seine Güte nicht erfassen. Wenn wir ihn aber so erkennen wollen, wie er wirklich ist, müssen wir sowohl seine Güte wie auch seine Strenge sehen. Das sind keine widersprüchlichen Charaktermerkmale; er ist gütig in seiner Strenge und streng in seiner Güte.

Liebe und Reinheit

Die Braut Jesu wird sich nicht deshalb reinigen und ohne Flecken und Runzeln dastehen, weil sie sich davor fürchtet, dass der

Bräutigam sie sonst schlägt, wenn er sie mit einem beschmutzten Kleid vorfindet, sondern sie wird vielmehr aus dem Grund ohne Flecken und Runzeln sein, weil sie ihn so sehr liebt, dass sie für ihn allein vollkommen sein will; und weil sie um seinetwillen jede Anstrengung unternimmt, in jeder Hinsicht rein und heilig zu sein. Wenn Sie jemals in der Nähe einer Braut waren, die sich auf ihre Hochzeit vorbereitet, dann haben Sie einen Vorgeschmack darauf erhalten, mit welcher Konzentration und Entschlossenheit sich die Gemeinde vor der Rückkehr des Herrn an diese Arbeit machen wird! Wehe dem, der sich ihr dabei in den Weg stellt!

Die Braut Jesu hat als armseliges, verlassenes und verdrecktes Mädchen begonnen. Als sie den König zum ersten Mal in all seiner Herrlichkeit erblickte, war sie mit Recht erschrocken und entsetzt über ihren eigenen Zustand. Es ist leicht nachvollziehbar, dass es sie mit Furcht erfüllte, als sie in seinen grossartigen Palast gerufen wurde. Daher ist es zunächst dieses überwältigende Gefühl von Ehrfurcht und Scheu vor dem König, das sie dazu treibt, sich zu reinigen, um vor ihn treten und in seiner Nähe sein zu können; aber nach und nach erobert seine unwiderstehliche Liebe ihr Herz, und sie verliebt sich ihrerseits in ihn. Von dem Augenblick an sehnt sie sich aus Liebe zu ihm danach, für ihn rein und bereit zu sein. In dem Mass, in dem ihre Liebe zunimmt, wächst auch ihre Hingabe an ihn. Das ist das Wesen wahrer Heiligkeit!

Dass wir wirklich in die Familie Gottes hineinberufen sind, mag für einen Neubekehrten auf der verstandesmässigen Ebene durchaus zu greifen sein, aber in Wirklichkeit ist es eine beinahe unfassbare Tatsache. Allein in die Gegenwart des Königs gebracht zu werden, ist ein Furcht erregender Gedanke, und das sollte er auch sein. Er ist Gott! Aber letzten Endes werden wir von seiner Liebe überwältigt werden. Das gehört zu der Erneuerung unseres Sinns, die uns zu seinen Geliebten macht, deren Liebe immer weiter zunimmt und sich vertieft. Aber so sehr unsere Liebe auch zunehmen wird, dürfen wir niemals vergessen, dass er allein Gott ist!

Das Kreuz bedeutet Liebe

Wenn wir diesen Prozess der Verwandlung und Veränderung nicht durchlaufen, werden wir niemals erkennen, wie schmutzig wir eigentlich sind, woher wir kommen und wie dringend wir die Vergebung des Kreuzes nötig haben. Oder wir werden, was ebenso schlimm ist, niemals wirklich seine Heiligkeit und Gnade verstehen, die er uns darin bewies, dass er uns zunächst so annahm, wie wir waren, und uns dann veränderte. Je tiefer unser Verständnis von Sünde und je grösser die Offenbarung seiner Heiligkeit ist, desto grösser wird auch eine Zeit lang unsere Furcht des Herrn sein. Das ist richtig und wichtig. Diese Erkenntnis nimmt auch mit unserer zunehmenden Reinheit nicht ab. Sie stellt die Grundlage dar, auf der wir die Erkenntnis seiner bedingungslosen Liebe aufbauen.

Wenn wir die Liebe und Vergebung Gottes als Entschuldigung missbrauchen, um weiter an unserer Sünde festzuhalten, ist das letzten Endes eine Beleidigung des Kreuzes und stellt eine Missachtung seiner Liebe dar. Wenn wir von der echten Furcht des Herrn und von der wahren Liebe Gottes berührt werden, werden wir beginnen, die Sünde ebenso zu hassen, wie er es tut. Sünde trennt uns von Gott; und wenn wir ihn erst einmal wirklich kennen gelernt haben, gibt es nichts Furchtbareres, als von ihm getrennt zu sein. Mit unserer zunehmenden Liebe zu ihm erkennen wir auch, dass es nichts Schrecklicheres gibt als den Schmerz, den ihm unsere Sünde zufügt.

Wir müssen auch daran denken, dass der Herr, als er für die Gemeinde das Bild seiner Braut gebrauchte, die Prinzipien einer Ehe in biblischen Zeiten vor Augen hatte, die nicht dem entsprechen, was der Westen heutzutage daraus gemacht hat. Damals war der König die absolute und endgültige Autorität, und jeder Mann war das Haupt in seinem Haus. Jesus ruft uns nicht in irgendeine unverbindliche Partnerschaft hinein – sondern es geht um eine absolute Hingabe an seine Herrschaft und gleichzeitig um die wunderbarste, innigste und erfüllendste Beziehung zu dem König der Herrlichkeit.

Der Apostel Johannes war der engste Freund des Herrn, als dieser noch auf der Erde lebte. Johannes lebte länger als alle anderen Apostel, und als er schliesslich die Offenbarung auf der Insel Patmos empfing, war er es unter den Lebenden, der den Herrn Jesus länger als irgendein anderer Mensch gekannt hat. Und trotzdem fiel er wie ein Toter vor den Füssen Jesu zu Boden, als er den verherrlichten Herrn erblickte, an dessen Brust er sich einst gelehnt hatte! Unser Gott ist wirklich ein gewaltiger Gott und ein viel grösserer König als jeder andere König, der jemals auf dieser Erde geherrscht hat! Wenn wir dies jemals vergessen sollten, sind wir einer gewaltigen Täuschung erlegen.

Zusammenfassung

Der erste Schritt zur Befreiung von Angst und Furcht besteht darin, die richtige Art von Furcht zu empfinden – die Furcht des Herrn. Aus diesem Grund schrieb Salomo auch in den Sprüchen 2,1–5:

> *Mein Sohn, wenn du meine Worte annimmst und meine Gebote beherzigst, der Weisheit Gehör schenkst, dein Herz der Einsicht zuneigst, wenn du nach Erkenntnis rufst, mit lauter Stimme um Einsicht bittest, wenn du sie suchst wie Silber, nach ihr forschst wie nach Schätzen, dann wirst du die Gottesfurcht begreifen und Gotteserkenntnis finden.*

Die Furcht des Herrn ist ein grösserer Schatz als alles andere, was wir sonst noch auf dieser Erde besitzen könnten. Sie ist es wert, dass wir ihr mehr als jedem anderen irdischen Schatz nachjagen. Sehen Sie sich nur einige der grossartigen Verheissungen an, die für alle gelten, die in der Furcht des Herrn leben:

Wie gross ist deine Güte, Herr, die du bereithältst für alle, die dich fürchten und ehren; du erweist sie allen, die sich vor den Menschen zu dir flüchten.

Psalm 31,20

Doch das Auge des Herrn ruht auf allen, die ihn fürchten und ehren, die nach seiner Güte ausschauen; denn er will sie dem Tod entreissen und in der Hungersnot ihr Leben erhalten.

Psalm 33,18–19

Der Engel des Herrn umschirmt alle, die ihn fürchten und ehren, und er befreit sie.

Psalm 34,8

Fürchtet den Herrn, ihr seine Heiligen; denn wer ihn fürchtet, leidet keinen Mangel. Junge Löwen müssen darben und hungern; wer aber den Herrn sucht, braucht kein Gut zu entbehren.

Psalm 34,9–10

Denn so hoch der Himmel über der Erde ist, so hoch ist seine Huld über denen, die ihn fürchten.

Psalm 103,11

Wie ein Vater sich seiner Kinder erbarmt, so erbarmt sich der Herr über alle, die ihn fürchten.

Psalm 103,13

Die Wünsche derer, die ihn fürchten, erfüllt er, er hört ihr Schreien und rettet sie.

Psalm 145,19

Gefallen hat der Herr an denen, die ihn fürchten und ehren, die voll Vertrauen warten auf seine Huld.

Psalm 147,11

Gottesfurcht bringt langes Leben, doch die Jahre der Frevler sind verkürzt.

Sprüche 10,27

Der Gottesfürchtige hat feste Zuversicht, noch seine Söhne haben eine Zuflucht. Die Gottesfurcht ist ein Lebensquell, um den Schlingen des Todes zu entgehen.

Sprüche 14,26–27

Die Gottesfurcht führt zum Leben; gesättigt geht man zur Ruhe, von keinem Übel heimgesucht.

Sprüche 19,23

Der Lohn für Demut und Gottesfurcht ist Reichtum, Ehre und Leben.

Sprüche 22,4

Darüber redeten die miteinander, die den Herrn fürchten. Der Herr horchte auf und hörte hin, und man schrieb vor ihm ein Buch, das alle in Erinnerung hält, die den Herrn fürchten und seinen Namen achten. Sie werden an dem Tag, den ich herbeiführe – spricht der Herr der Heere –, mein besonderes Eigentum sein. Ich werde gut zu ihnen sein, wie ein Mann gut ist zu seinem Sohn, der ihm dient.

Maleachi 3,16–17

Kapitel 6

Götzen und Ängste

Nachdem wir die Gedankenfestungen des Bösen niedergerissen haben, die uns so lange in Gefangenschaft gehalten haben, muss es nun unser Ziel sein, sie durch feste Burgen von Wahrheit zu ersetzen. Jedes Mal, wenn uns das gelingt, verwandeln wir eine Angst in den Glauben, der es uns erst ermöglicht, weiter auf unsere Bestimmung zuzugehen. Je weiter wir vorangehen, desto furchtloser sollten wir also werden und immer mehr an Sicherheit und Kühnheit zunehmen. «Der Gerechte fühlt sich sicher wie ein Löwe.» (Sprüche 28,1b) Je mehr Dinge wir in unserem Leben in Ordnung bringen und je mehr wir in Gerechtigkeit leben, desto kühner und zuversichtlicher werden wir sein. Nichts auf dieser Erde verleiht grössere Zuversicht als das Wissen, vor Gott gerecht zu sein; daher muss dies auch immer unser eigentliches Ziel sein – unser Leben vor Gott in Ordnung zu halten und gerecht vor ihm zu sein.

Die gleiche Kraft Gottes, die zum Einsatz kam, um das Volk Israel aus der Knechtschaft zu befreien, hat auch die Götzen Ägyptens zerstört. Der Grund dafür besteht darin, dass die geistlichen Joche und Ängste, die uns gefangen halten, sehr oft mit den Götzen in unserem Leben verknüpft sind. Wir können aus diesem Beispiel lernen, dass die Kraft Gottes, die sein Volk befreit, gleichzeitig eine Bedrohung für alle darstellt, die andere in Gebundenheit an sich und ihre Götzen festhalten wollen. Sie wissen, dass sie ihren Einfluss und ihre Kontrolle über uns in dem Augenblick verlieren, in dem wir in unserer Hingabe an ihre Götzen nachlassen.

Religiöse Götzen

Wir müssen erkennen, dass diese Götzen genauso gut religiöse Objekte sein können. Viele der Götzen, durch die Christen auch heute noch in Knechtschaft gehalten werden, sind religiöse Traditionen, die einzig und allein dem Zweck dienen, die Menschen unter der Kontrolle der religiösen Autoritäten festzuhalten. Eine der grössten Irrlehren unserer Zeit wird bereits in Jeremia 50,6 entlarvt:

> *Eine verlorene Herde war mein Volk, ihre Hirten führten sie in die Irre, trieben sie ziellos in die Berge. Von Berg zu Hügel zogen sie weiter und vergassen ihren Lagerplatz.*

Viele der Christen, die heute in die Irre geführt werden, werden von ihren eigenen Hirten in die Irre geleitet. Sie tun es genau so, wie es Jeremia an dieser Stelle beschreibt. Sie versuchen, sie von einer Höhe zur anderen weiter zu treiben, von einem Projekt zum Nächsten, aber sie führen das Volk nicht an ihren wahren Lagerplatz, wo sie Ruhe finden würden, das ist nämlich der Herr Jesus selbst. Wir müssen uns stets der Tatsache bewusst sein, dass eine der wichtigsten Strategien des Feindes darin besteht, die Heiligen zu ermüden und zu schwächen, und das oben Erwähnte zählt zu den effektivsten Vorgehensweisen, wie er bislang sein Ziel erreicht hat.

Es ist wichtig, dass wir dabei niemals die Tatsache aus den Augen verlieren, dass die Früchte der guten Seite des Baums der Erkenntnis von Gut und Böse ebenso tödlich sind wie die Früchte der bösen Seite – sie stammen von demselben Baum. Gute Werke, die nicht aus Gott geboren sind, können sich als ebenso trügerische Falle für uns entpuppen wie das offensichtlichste Böse in dieser Welt. Es ist unser Ziel, einzig und allein vom Baum des Lebens zu essen, vom Leben an sich. Wir können nur da wirkliches Leben haben, wo wir im Herrn selbst bleiben. Wann immer wir uns aufmachen und ihn verlassen, um unsere eigenen Werke zu tun, und seien sie noch so gut, sind wir von ihm weggegangen.

Wie können wir also zwischen den Werken des Herrn und denen, die nur von Menschen gewirkt sind, unterscheiden? Wir tun dies, indem wir dem Herrn nachfolgen. Das mag allzu einfach klingen; aber in Wirklichkeit stellt diese Tatsache für alle, die sie kennen, die tiefgründigste Wahrheit dar, die ein Mensch jemals erfahren kann. Wir müssen es lernen, die Dinge nicht danach zu richten, ob sie gut oder schlecht sind, sondern danach, ob sie aus dem Herzen Gottes kommen oder nicht. Der Vater des Glaubens, Abraham, suchte nach der Stadt, die von Gott erbaut war und nicht von Menschen, und allen, die wirklich im Glauben leben, geht es ebenso.

Wenn wir den Weg des wahren Glaubens gehen wollen, werden wir von einigen abgelehnt werden; und wir werden es lernen müssen, uns von andern zusammen mit ihren Werken abzugrenzen. Wenn wir diese Wahrheit nicht lernen, werden wir niemals auf dem richtigen Weg bleiben. Deshalb betonte der Apostel Paulus mit so viel Nachdruck: «Wollte ich noch den Menschen gefallen, dann wäre ich kein Knecht Christi.» (Galater 1,10b)

Wenn wir uns von Menschenfurcht bestimmen und kontrollieren lassen, werden wir nur Menschen dienen und nicht Jesus Christus. Menschenfurcht ist eine der grundlegendsten Ängste, die wir abschütteln müssen, wenn wir zu echten Anbetern Gottes werden wollen. Ein wahrer Anbeter Gottes zu sein bedeutet, einzig und allein seine Werke zu tun.

Für jeden Christen, der sich danach ausstreckt, ein aufrechtes Leben zu führen und die Werke Gottes zu tun, stellen die religiösen guten Werke, die aus den guten Absichten eines anderen statt aus dem Willen Gottes entstanden sind, eine der gefährlichsten Fallen überhaupt dar. Auf diese Weise verbringen nämlich viele ihr ganzes Leben damit, Dinge zu tun, zu denen Gott sie überhaupt nicht berufen hat. Genau aus diesem Grund gab uns der Herr Jesus in Matthäus 7,21–13 eine strenge Warnung:

Nicht jeder, der zu mir sagt: Herr! Herr!, wird in das Himmelreich kommen, sondern nur, wer den Willen meines Vaters im Himmel erfüllt.
Viele werden an jenem Tag zu mir sagen: Herr, Herr, sind wir nicht in deinem Namen als Propheten aufgetreten und haben wir nicht mit deinem Namen Dämonen ausgetrieben und mit deinem Namen viele Wunder vollbracht?
Dann werde ich ihnen antworten: Ich kenne euch nicht. Weg von mir, ihr Übertreter des Gesetzes!

Denken Sie einmal darüber nach. «Viele», nicht nur «einige», die ihn «Herr» nennen und in seinem Namen grosse Werke tun, wird er wegschicken, weil sie Übertreter des Gesetzes sind. Wie wurden sie zu Übertretern des Gesetzes? Indem sie in erster Linie ihre eigene Sache gemacht haben, statt den Willen des Vaters zu tun. Im vorhergegangenen Kapitel haben wir uns mit der «guten Furcht» beschäftigt, und es gehört mit Sicherheit zur guten Furcht, wenn wir uns darüber Gedanken machen, dass wir zwar viele gute Werke tun, aber nicht den Willen des Herrn.

Götzen-Bilder

Eine weitere Falle des Götzendienstes besteht vor allem für Christen in der Anbetung von Bildnissen oder Abbildern. Das Volk Israel durfte sich keinerlei Bildnisse machen, nicht einmal von Gott selbst, weil das Volk sonst anfangen würde, diese Bildnisse anzubeten. Jedes Bildnis, das angebetet wurde, ob es das einer Sache, eines Tieres oder eines Menschen war, stellte ganz offensichtlich eine schwerwiegende Verletzung der Anbetung Gottes dar; aber selbst die Anbetung eines von Menschen geschaffenen Abbildes Gottes war bereits Sünde.

Selbstverständlich bedeutet es einen groben Verstoss gegen die wahre Anbetung, wenn wir statt Gott selbst ein Abbild Gottes anbeten; aber in gewisser Weise tun die meisten, wenn nicht sogar alle Christen genau das und erkennen es noch nicht einmal selbst. Wir schaffen uns in unserer Vorstellung so oft unser eigenes Bild von Gott, und das beten wir an der Stelle Gottes an. Ich spreche an dieser Stelle nicht von einer tatsächlich materiell greifbaren Darstellung dessen, wie Gott unserer Meinung nach aussieht, sondern ich spreche von unserer Vorstellung, wer und wie Gott ist, die aber lediglich unserer eigenen Wunschvorstellung entspringt und nicht der offenbarten Wahrheit.

Der menschliche Idealismus stellt eines der grössten Hindernisse für die Wahrheit dar. Um es noch einmal zu sagen: Der menschliche Idealismus ist aus der guten Seite des Baumes der Erkenntnis geboren, und allem Anschein nach ist er auch wirklich gut, aber seine Frucht ist nichts desto weniger tödlich. Ein grosser Teil der Lehre und Theologie, die heutzutage in der Gemeinde vorherrschen, hat seinen Ursprung in menschlichem Denken und nicht in der Schrift. Das war es auch, was mit den Pharisäern geschehen war, die zur Zeit des Neuen Testaments schliesslich diejenigen waren, die der Schrift am treuesten anhingen; aber sie hatten es dennoch zugelassen, dass menschliche Traditionen die offenbarte Wahrheit der Schrift verdunkelten.

Wir tun das nicht nur mit Gott selbst, sondern genauso auch mit Männern und Frauen Gottes. Der Apostel Paulus war unter Umständen ganz anders, als ihn sich die meisten Christen heute vorstellen – wie auch die meisten anderen Männer und Frauen aus der Bibel, und genauso die meisten Männer und Frauen Gottes, die heute noch unter uns leben! Wir schaffen uns so leicht unser eigenes Bild davon, wie ein Mensch ist, weil wir ihn nach seinem Fernsehprogramm, seinen Büchern und Kassetten beurteilen oder sogar daher, dass wir persönlich in seinen Predigten gesessen haben. Wir stellen ihn auch nicht immer besser dar, als er wirklich ist; unter Umständen ist er viel besser als das, wofür wir ihn halten; aber es ist immer noch unser eigenes Bild von ihm und nicht, wer er wirklich ist. Das ist eine Art von Täuschung.

Es gibt mehrere Gründe, weshalb es so zerstörerisch ist, wenn wir uns ein Bild von einem anderen machen. Zum einen ist es nicht die Wahrheit, und wir müssen unser Leben stets auf der Wahrheit gründen. Zweitens wird jedes Bild, das sich der Mensch von Gott machen kann, immer eine tragische Vereinfachung dessen sein, wer er wirklich ist. Wenn wir uns unser eigenes Bild von Gott basteln, schränken wir unser eigenes Potenzial, seine Herrlichkeit zu erkennen und in sein wahres Bild verwandelt zu werden, drastisch ein.

Nur die echte Anbetung Gottes bringt echten Glauben hervor. Wenn wir ein Bild anbeten, das wir selbst geschaffen haben, werden wir versuchen, es mit allen Mitteln zu schützen; und das bedeutet, dass wir uns erneut von Furcht leiten lassen, nämlich von der Furcht, unser Bild könnte Schaden leiden; und wir sind nicht länger belehrbar, wie es ein echter Wahrheitssuchender stets sein muss. Gott ist viel zu gewaltig und zu grossartig, als dass ihn jemals ein einzelner Mensch vollständig wahrnehmen und erkennen könnte. Deshalb wird uns auch in 1. Korinther 13,9 gesagt, dass unser Erkennen nur «Stückwerk» ist. Wenn wir also die vollständige Erkenntnis haben wollen, müssen wir das, was wir wissen, mit dem zusammenlegen, was andere empfangen haben. Das erfordert eine beständige Offenheit anderen gegenüber, die eine andere Perspektive als wir haben.

Wir müssen uns eingestehen, dass die meisten Christen schützende Mauern und Barrieren um ihre Sichtweise der Wahrheit aufgerichtet haben – und dass sie diese mit aller Entschlossenheit verteidigen. Das offenbart aber nur, dass sie eigentlich ein Bildnis anbeten. Selbst wenn der Teil, den sie empfangen haben, vollkommen richtig und treulich wiedergegeben ist, so gilt dennoch, dass unser aller Erkenntnis nur «Stückwerk» ist. Daher ist unsere Erkenntnis im besten Falle unvollständig.

Ich spreche an dieser Stelle nicht von den grundlegenden Glaubenslehren, in denen wir alle übereinstimmen sollten. Aber meistens sind das auch nicht die Punkte, über die sich Christen entzweien und an denen Spaltungen entstehen. Wenn wir wahre Anbeter Gottes sein wollen, müssen wir uns über unsere Bilderverehrung erheben, besonders über die Anbetung der Bilder, die wir uns selbst von Gott gemacht haben.

Andere Götzen

Wir mögen bisher immer davon ausgegangen sein, dass in unserer modernen Welt nur wenige Menschen Götzen anbeten, aber in Wirklichkeit betet jeder, der nicht Jesus dient, irgendeinen Götzen an. Viele, die Jesus anbeten, haben neben den oben erwähnten Bildnissen noch andere Götzen in ihren Herzen. Ein Götze ist nicht nur irgendein Ding; es ist etwas, dem wir an der Stelle Gottes vertrauen und auf das wir unsere Hoffnung setzten. Das kann alles sein, angefangen von unserem Beruf, der Börse und unserem Bankkonto bis zu unseren eigenen Fähigkeiten oder anderen Menschen. Selbst unser Dienst kann zu einem Götzen werden, wenn er uns wichtiger wird als Gott.

Das bedeutet aber wiederum nicht, dass wir niemandem ausser Gott vertrauen dürfen. Aber in dem Moment, in dem wir es zulassen, dass unser Glaube oder unser Vertrauen in irgendjemanden oder irgendetwas unseren Glauben an Gott überschattet, ist er bzw. es zum Götzen geworden. Jede Verbundenheit wird zu einer Bindung, wenn sie grösser wird als unsere Liebe zu und unser Vertrauen in Gott. Wenn das geschieht, wird sich unser fehlgeleitetes Vertrauen in irrationale Ängste verwandeln, die uns binden.

Der Götzendienst der Menschheit ist einer der Gründe für die Zeit der grossen Trübsal, die in diesen letzten Tagen über die Erde kommen wird. Diese Schwierigkeiten werden ein für alle Mal offenbaren, auf wie schwachen Füssen unser fehlgeleitetes Vertrauen wirklich steht, das wir auf etwas anderes oder jemand anderen als auf Gott gesetzt haben. In Hebräer 12,25–29 können wir das bereits nachlesen:

> *Gebt Acht, dass ihr den nicht ablehnt, der redet. Jene haben ihn abgelehnt, als er auf Erden seine Gebote verkündete, und sind (dem Gericht) nicht entronnen; wie viel weniger dann wir, wenn wir uns von dem abwenden, der jetzt vom Himmel her spricht.*

Seine Stimme hat damals die Erde erschüttert, jetzt aber hat er verheissen: Noch einmal lasse ich es beben, aber nicht nur die Erde erschüttere ich, sondern auch den Himmel.
Dieses Noch einmal weist auf die Umwandlung dessen hin, das, weil es erschaffen ist, erschüttert wird, damit das Unerschütterliche bleibt.
Darum wollen wir dankbar sein, weil wir ein unerschütterliches Reich empfangen, und wollen Gott so dienen, wie es ihm gefällt, in ehrfürchtiger Scheu; denn unser Gott ist verzehrendes Feuer.

Die ganze Welt wird erschüttert werden, um zu offenbaren, wie schwach die Dinge eigentlich sind, die sich der Mensch ausgedacht hat und denen er an der Stelle Gottes vertraut hat. Der Mensch ist dazu geschaffen, um die Erde zu beherrschen, aber gleichzeitig sind wir auch geschaffen worden, um das aus der innigen Beziehung zu ihm heraus zu tun. Wenn wir versuchen, ohne ihn zu herrschen, wird es letzen Endes immer in die Katastrophe führen. Aber wir Christen haben dagegen ein «unerschütterliches Reich». Wenn wir unser Leben auf das Reich gegründet haben, das nicht mehr erschüttert werden kann, werden wir auch selbst unerschütterlich bleiben, ganz gleichgültig, was noch auf uns zukommen mag. Wenn wir unser Leben aber hauptsächlich auf den Wegen dieser Welt gegründet haben, werden auch wir jedes Mal erschüttert werden, wenn die Welt erschüttert wird.

Der bevorstehende Konflikt

Ein Problem, das vielen Christen noch bevorsteht, war in einer der Nebenhandlungen des Films «Die Zehn Gebote» *(The Ten Commandments)* hervorragend zu erkennen. Eine der Figuren dabei war ein Hebräer, der sich bei den Ägyptern eingeschmeichelt hatte und von ihnen auf einen herausragenden Posten gehoben worden war. In der Folge hatte er mehr in Ägypten investiert als in Israel. Daher fühlte er sich auch verpflichtet, gegen Mose und Aaron Widerstand zu leisten; und somit wurde er denen zum Stolperstein, die gekommen waren, um das Volk Gottes in die Freiheit zu führen. Als das Volk Israel letzten Endes in die Freiheit geführt wurde, kam er unter das Gericht, da er nun alles verlor. Ebenso wird es allen ergehen, die mehr in die jetzige Welt investieren als in das Reich Gottes; sie werden die Ersten sein, die jeder wahren Bewegung Gottes widerstehen.

Wo haben wir am meisten investiert? Dort, wo unser Schatz ist, wird auch unser Herz sein (vgl. Matthäus 6,21). Hängt unser Herz mehr an dieser Welt als am Königreich Gottes? Wenn dem so ist, werden wir von allen Ängsten geplagt werden, mit denen diese Welt geplagt ist. Wenn dem so ist, werden wir erschüttert, wenn die Welt erschüttert wird. Der Herr kehrt zurück, um die ganze Welt in die Freiheit zu führen. Damit er das tun kann, muss die ganze Welt in ihrem Vertrauen an Götzen erschüttert werden.

Wenn sein Reich kommt, wird es alle Herrschaftsgewalt und alle Götzen erschüttern und einreissen, die jemals auf der gefallenen Natur des Menschen erbaut wurden. Wir haben diese Erschütterung nur dann zu fürchten, wenn wir unser Leben mehr auf menschliche Reiche gegründet haben als auf das Reich Gottes. Alle, die ihr Leben richtigerweise auf den Glauben an Gott und die Prinzipien seines Reiches gegründet haben, werden durch die kommenden Ereignisse nicht erschüttert werden; und sie werden sie auch nicht fürchten.

Nicht einmal ein Stoss

Vor einigen Jahren hatte ich eine prophetische Erfahrung, in der ich plötzlich den Eindruck hatte, in der Radarzentrale eines grossen Schlachtschiffes zu stehen. Vor mir befand sich ein Radarschirm, und der Herr stand neben mir. Mit einem Mal erschien ein Radarsignal auf dem Schirm, das direkt vor uns war und sich mit hoher Geschwindigkeit auf uns zubewegte. Ich befahl eine 90°-Wendung des Schiffes nach rechts, um dem sich nähernden

Objekt auszuweichen. Das Signal blieb aber beständig unmittelbar voraus und näherte sich unaufhaltsam. Ich befahl eine weitere Wendung nach links, aber das Signal blieb weiter direkt vor uns und der Zusammenprall stand unmittelbar bevor. Ich machte mich bereits auf den Aufprall gefasst, aber nichts geschah, nicht einmal ein leiser Stoss. Ich fragte den Herrn, was geschehen war. Er sagte, dass das, was ich auf dem Radarschirm gesehen hatte, eine Zeit der grossen Schwierigkeiten gewesen war, was manche auch die Zeit der «grossen Trübsal» nennen. Er sagte, dass diese Zeit kommt und dass wir sie nicht umgehen oder ihr ausweichen können, aber alle, die sich nahe an ihn halten, werden sie noch nicht einmal spüren!

Zusammenfassung

Wir können die Götzen auf verschiedene Weise erkennen und entlarven, die uns im Moment noch kontrollieren. Ein gutes Kennzeichen besteht darin, dass etwas einen grösseren Teil unserer Aufmerksamkeit und Hingabe in Anspruch nimmt als Gott. Ein weiteres Merkmal ist die Tatsache, dass wir uns beständig Sorgen machen, diese spezielle Sache zu verlieren, oder dass sie uns genommen werden könnte. Wir können einen Götzen auch daran erkennen, dass unser Bemühen, ihn zu schützen, zu Konflikten und Zusammenstössen mit anderen auf eine Art und Weise führt, die nicht der Frucht des Geistes entspricht.

Weil Abrahams Glaube an Gott über allem anderen stand, war er auch bereit, Gott seinen verheissenen Sohn zu opfern. Er hielt nichts zurück; daher konnte er auch von keiner anderen Zuneigung oder Liebe neben seiner Liebe zu Gott kontrolliert werden. Abrahams Prüfung an dieser Stelle diente dazu, um herauszufinden, ob Isaak zu einem Götzen in seinem Leben geworden war, der grössere Macht über ihn ausüben würde als seine Hingabe an Gott. Der letzte und wichtigste Schlüssel dafür, dass wir in unserem Leben von allen Götzen und von jeder anderen Furcht befreit werden, besteht in der wahren Anbetung und in der Liebe zu Gott, die alles andere übersteigt.

Wie Paulus auch in 2. Korinther 13,5 schrieb: «Fragt euch selbst, ob ihr im Glauben seid, prüft euch selbst! Erfahrt ihr nicht an euch selbst, dass Christus Jesus in euch ist? Sonst hättet ihr ja (als Gläubige) schon versagt.» Wir sollten uns in regelmässigen Abständen selbst auf diese Weise prüfen. Wir wissen, dass wir diese Prüfung bestanden haben, wenn Jesus Christus wirklich der Eine und Einzige ist, der in unserem Herzen und in unseren Gefühlen herrscht und regiert. Gilt das heute für uns, oder sind wir bei der Prüfung durchgefallen?

Die Folge davon, wenn wir diesen Test nicht bestehen, wird am Tag des Jüngsten Gerichts darin bestehen, dass wir die tragischsten Worte hören werden, die jemals ausgesprochen wurden: «Geht weg von mir!» Der Herr hat es selbst ganz deutlich gesagt, dass viele, die ihn «Herr» nennen, diese Worte hören werden. Werden Sie dazugehören? Wenn wir den Test dagegen bestehen, werden wir die herrlichen Worte hören: «Gut gemacht, du guter und treuer Knecht. Komm herein und teile die Freude deines Herrn.»

Das ist eine wirklich entscheidende Prüfung. Wir sollten uns davor hüten und fürchten, sie nicht zu bestehen. Wenn wir sie aber bestehen, wenn Jesus wirklich unser Herr ist, der über uns herrscht und unser ganzes Herz besitzt, gibt es keine grössere Freiheit, keine grössere Freude und keinen grösseren Frieden, den wir je erfahren oder uns vorstellen könnten.

KAPITEL 7

Auf hoher Ebene bauen

Wir können unsere Furcht am wirksamsten dadurch bekämpfen, dass wir im Glauben wachsen. Wir wachsen im Glauben, indem wir unsere Augen auf den Herrn gerichtet halten und uns ihm immer weiter nahen. Wenn wir ihn sehen, wenn wir erkennen, wo er sitzt und welche Macht er hat, glauben wir. Je mehr wir von der Herrlichkeit seiner Pläne erfassen, desto mehr werden wir ihm vertrauen.

Wir müssen «die Güte Gottes und seine Strenge» erkennen (Römer 11,22a), wenn wir ihn so sehen wollen, wie er wirklich ist. Daher müssen wir also sowohl seine Liebe als auch seinen Zorn und sein Gericht verstehen. Die Bibel sagt uns ganz ohne Zweifel, dass am Ende des Zeitalters eine Zeit grosser Prüfungen und Bedrängnis über die Erde kommen wird. Wenn wir das nicht wahrhaben wollen, sind wir einer schweren Täuschung erlegen. Gerade deshalb haben wir bereits viel zu lange zugelassen, dass der Feind die hohe Ebene der Hoffnung für unsere Zukunft besetzt gehalten hat.

Keine einzige der Utopien, denen die anderen Religionen oder Philosophien nachjagen, ist nur annähernd so gross wie die Verheissung, die wir für das kommende Zeitalter erhalten haben. Als ich die prophetische Erfahrung machte, von der ich im vorhergehenden Kapitel berichtet habe, in der ich in der Radarzentrale eines grossen Schlachtschiffes stand, erhielt ich die Anweisung, nicht länger auf das Endes dieses Zeitalters hin zu leben, sondern endlich für den Beginn des kommenden Zeitalters zu leben – das ist die Zeit, in der er mit Gerechtigkeit und Recht über die Erde herrschen wird. In diesem Reich wird solcher Friede herrschen, dass sich der Löwe neben dem Lamm lagern wird und kleine Kinder mit Nattern spielen können; keiner wird den anderen verletzen. Dann wird überall auf der ganzen Erde eine Freude herrschen, die bislang für uns noch völlig unvorstellbar ist.

Einige haben sogar ihre Lehre über die der Endzeit zu ihrem Götzen gemacht. Sie vertrauen sogar noch mehr darauf als auf den Herrn. Wenn wir dies tun, ist es unwahrscheinlich, dass wir jemals die biblischen Prophetien über diese Zeit verstehen werden. Selbst wenn wir sie verstehen, werden wir mit ziemlich grosser Sicherheit einer Täuschung unterliegen, weil wir uns von einer Lehrmeinung leiten lassen anstatt vom Herrn selbst.

Eine Täuschung ist mehr als nur eine missverstandene Lehre oder Prophetie. Eine noch schlimmere Form der Täuschung ist es, wenn wir uns ausserhalb des Willens Gottes befinden oder den Willen Gottes nicht tun. Ist das nicht auch der Grund für die ernsthafte Warnung, die der Herr an alle richtete, die viele Dinge in seinem Namen taten, aber nicht den Willen seines Vaters? Wir müssen uns stets vor Augen halten, dass der Herr, wenn er uns Gaben und Autorität verleiht, diese Dinge nicht zurücknimmt, selbst wenn wir in Sünde oder Götzendienst fallen. Er bleibt treu, selbst wenn wir untreu sind. Deswegen können wir auch häufig beobachten, dass die Gaben Gottes immer noch wirksam sind, obwohl der Betreffende längst vom Herrn abgefallen ist. Wir können also nicht nach der Fähigkeit gehen, die Gaben des Geistes auszuüben oder in seiner Kraft zu leben, wenn wir Rückschlüsse darauf ziehen wollen, ob der Herr mit unserem Leben oder unserem Dienst oder unserer Lehre zufrieden ist.

Jeder, der seine Hoffnungen auf seine eigene Fähigkeit gesetzt hat, die Prophetien der Bibel zu verstehen und zu deuten, wird am Werk Gottes entweder vorbeigehen oder ihm sogar widerstehen, weil es nicht in die eigene Sichtweise der Welt und ihrer Geschehnisse hineinpasst. Es ist wichtig, die Prophetien der Bibel genau zu studieren. Aber wenn wir nicht genau wissen, wie die Endzeit im Einzelnen ablaufen wird, ist das noch lange nicht so schlimm, als wenn wir uns im Willen Gottes für unser Leben täuschen lassen. Wenn wir ihm nachfolgen und in ihm bleiben, werden wir stets am richtigen Ort sein und das Richtige tun, völlig unabhängig davon, ob unsere Eschatologie nun zu hundert Prozent korrekt ist oder nicht.

Der Herr befahl nicht, das Evangelium der Errettung allen Völkern zu predigen, ehe das Ende kommen sollte, sondern das «Evangelium des Reiches Gottes» (vgl. Matthäus 24,14). Damit wir das Evangelium predigen können, müssen wir also in diesem Reich leben. Wir verkündigen es als Botschafter. Botschafter sind Bürger, deren wahre Heimat in dem Land liegt, das sie vertreten. Wo ist unsere wahre Heimat?

Damit wollen wir aber nicht andeuten, dass wir die materiellen Dinge dieser Welt nicht geniessen dürfen. Wenn wir uns aber dem Reich Gottes unterordnen und es nach aussen vertreten wollen, müssen wir über die materiellen Dinge herrschen und dürfen es nicht zulassen, dass sie uns bestimmen. Jede falsche oder übermässige Bindung in unserem Leben stellt eine offene Tür für den Feind dar, weil wir zu sehr an bestimmten Dingen hängen und er im Allgemeinen in Form von Furcht durch diese Tür in unser Leben kommt. Jede falsche, übermässige Bindung an unsere Eschatologie wird uns in gleicher Weise in die Irre führen.

Bis heute können wir nur wenige Menschen in der Kirchengeschichte finden, die eine biblische Prophetie wirklich vollständig verstanden hatten, ehe sie eintraf. Es gab solche, die vielleicht ein oder zwei Dinge richtig erfasst hatten. So gab es zum Beispiel einige, die erkannt hatten, dass das jüdische Volk wieder in seinem Land gesammelt und erneut zu einer Nation werden musste, ehe das Ende kommen könnte. Es gibt aber immer noch viele unerfüllte Prophetien über die Endzeit, die zuerst geschehen müssen, ehe das Ende kommen kann; einige von ihnen scheinen uns unmittelbar bevorzustehen, wie etwa die Erfüllung von Jesaja 11,11–16 und Jesaja 19,19–25.

Vielleicht ist es Ihnen aufgefallen, dass ich zunächst in diesem Buch versucht habe, Ihnen eine Vision für die positiven Gründe zu vermitteln, weshalb wir die Festungen überwinden sollten, die uns gefangen halten, dass ich aber anschliessend auch auf die negativen Aspekte oder die Konsequenzen zu sprechen kam, die sich ergeben, wenn wir es zulassen, vom Bösen kontrolliert und beherrscht zu werden. Auf diese Weise bauen wir unseren Glauben auf und schliessen gleichzeitig ein gesundes Fundament der Erkenntnis der Furcht Gottes mit ein. Wir müssen sowohl seine Güte wie auch seine Strenge erkennen, wenn wir das Ganze richtig verstehen wollen.

Der Erde stehen verheerende Zeiten bevor. Unser Hauptaugenmerk sollte dabei aber nicht auf die Schwierigkeiten gerichtet sein, sondern auf das herrliche Reich Gottes, für das sie den Weg bereiten. Bereits jetzt beginnt die Welt, in diesen Erschütterungen und Problemen zu versinken; was sie nun hören muss, ist die Botschaft des künftigen Reiches, in dem all diese Schwierigkeiten ein Ende haben.

Die Welt muss den Grund für all diese Schwierigkeiten und Probleme erkennen, der in der Rebellion des Menschen gegen Gott, in seinem Götzendienst und so weiter begründet ist. Damit aber die Welt, die so vom Bösen zerstört worden ist, wieder neu Vertrauen fassen kann, auch gegenüber Gott selbst, muss sie von der Güte Gottes hören. Wie wir auch in Römer 2,4 lesen, ist es die Güte Gottes, die uns zur Umkehr führt. Die Welt befindet sich in einer verzweifelten Notlage, in der sie von seinem Plan hören muss, der uns von unserer Sünde erlöst, uns davon befreit und uns dann wieder in den Zustand versetzt, für den wir geschaffen wurden. Wie es auch die Propheten immer wieder ausgesprochen haben, geht es letzten Endes darum, dass der Garten Eden auf der ganzen Erde wiederhergestellt wird.

Die Freiheit, die für diese Zeit so wichtig ist

Ein Teil unserer Fähigkeit, das Reich Gottes zu predigen, besteht darin, bereits jetzt selbst darin zu leben. Wie wir bereits erwähnt haben, ist einer der grössten Götzen im menschlichen Herzen das Geld. Wenn wir daher den Herrn und sein Reich kompromisslos und unverfälscht repräsentieren wollen, müssen wir frei von diesem Götzen sein. Wir müssen finanziell unabhängig sein.

«Finanzielle Unabhängigkeit» mag für verschiedene Menschen Unterschiedliches bedeuten, aber wenn ich diesen Ausdruck verwende, sagt er nichts darüber aus, ob jemand reich oder arm ist. Er bedeutet vielmehr, dass wir niemals in einer Position sein sollten, in der unsere Entscheidungen von finanziellen Überlegungen geprägt sind, sondern das einzige entscheidende Kriterium in unserem Leben soll die Frage sein, ob eine Sache im Willen Gottes ist oder nicht. Wir müssen vom Willen Gottes geleitet werden – Punkt. Wenn wir in seinem Reich bleiben, verfügen wir über unbegrenzte Ressourcen. Diese können wir jedoch nicht nach unserem Belieben einsetzen, sondern nur dafür, um seinen Willen zu tun.

In Römer 1,5 und 16,26 schreibt Paulus über den «Glaubensgehorsam». Wahrer Glaube steht in direkter Beziehung zu unserem Gehorsam. Wir gehorchen dem, den wir wirklich anbeten. Deshalb findet sich in 1. Timotheus 6,10–12 auch die folgende Warnung:

> *Denn eine Wurzel alles Bösen ist die Geldliebe, nach der einige getrachtet haben und von dem Glauben abgeirrt sind und sich selbst mit vielen Schmerzen durchbohrt haben. Du aber, o Mensch Gottes, fliehe diese Dinge; strebe aber nach Gerechtigkeit, Gottseligkeit, Glauben, Liebe, Ausharren, Sanftmut! Kämpfe den guten Kampf des Glaubens; ergreife das ewige Leben, zu dem du berufen worden bist und bekannt hast das gute Bekenntnis vor vielen Zeugen!* (Elb.)

Um es noch einmal zu sagen: Die Liebe zum Geld ist die Wurzel aller Übel, weil sie zum letzten Götzen werden kann, auf den wir unser Vertrauen setzen, indem wir es zulassen, dass er den rechtmässigen Platz Gottes einnimmt. Wie wir an dieser Stelle sehen können, werden diejenigen, die ihr verfallen, sich selbst unweigerlich grosse Qualen bereiten. Das kommt daher, dass sie vielen Ängsten verfallen und somit erneut in Knechtschaft geraten. Das bedeutet aber wiederum nicht, dass niemandem grosser Reichtum anvertraut werden kann. Es geht vielmehr um die Frage: Besitzen wir ihn, oder besitzt er uns?

Wenn wir den wahren Reichtum des Reiches Gottes geschmeckt und die wahren Schätze Gottes gesehen haben, werden wir uns keine grossen Gedanken mehr darüber machen, ob wir viel oder wenig Geld haben. Wir wollen einfach nur genug haben, um seinen Willen zu tun. Wenn wir ihm gehorsam sind, dessen Bankkonto niemals erschöpft ist, werden wir weder von grosser Sorge noch von grosser Gier nach Geld oder anderen Formen des natürlichen Reichtums geplagt werden. Je freier wir in diesem Bereich sind, desto mehr kann er uns anvertrauen.

Der Herr sucht Menschen, denen er die Ressourcen für das grossartige Werk seines Reiches anvertrauen kann. Die Art, wie sein Volk mit Geld umgeht, wird eines der Erkennungszeichen des Reiches Gottes sein. Wie wir bereits an anderer Stelle besprochen haben, ist das auch der Grund dafür, dass das Zeichen des Tieres ein wirtschaftliches Zeichen sein wird, das festlegt, ob wir etwas kaufen, verkaufen oder sonstige Geschäfte machen können. Das Zeichen stellt den endgültigen Test dar, auf was wir unser Vertrauen gesetzt haben.

Erinnern Sie sich daran: Die Freiheit des Reiches Gottes besteht darin, im Glauben voranzugehen, und die Knechtschaft dieser Welt arbeitet mit den Ketten der Angst. Unsere Freiheit von diesem letzten Joch der Knechtschaft und Gebundenheit am Ende des Zeitalters, der Liebe zum Geld, kommt daher, dass wir in der Freiheit leben, die jeder erfährt, der ein Sklave Jesu ist. Wenn wir dieses Paradoxon verstehen, haben wir eine der grössten Wahrheiten erkannt, die uns von diesem letzten und grössten Joch der Knechtschaft befreien wird.

Das ist auch das Thema, mit dem wir uns im nächsten Kapitel beschäftigen wollen, immer mit dem Ziel vor Augen, zu Menschen zu werden, denen die Ressourcen des Reiches Gottes anvertraut werden können. Es ist von grösster Bedeutung, dass wir dieses Ziel erreichen, wie wir in einer der herausragendsten Schriftstellen über diese Zeit lesen, wo der Herr in Jesaja 60,1–5 über sein Volk sagt:

Auf, werde licht, denn es kommt dein Licht und die Herrlichkeit des Herrn geht leuchtend auf über dir. Denn siehe, Finsternis bedeckt die Erde und Dunkel die Völker, doch über dir geht leuchtend der Herr auf, seine Herrlichkeit erscheint über dir. Völker wandern zu deinem Licht und Könige zu deinem strahlenden Glanz. Blick auf und schau umher: Sie alle versammeln sich und kommen zu dir. Deine Söhne kommen von fern, deine Töchter trägt man auf den Armen herbei. Du wirst es sehen und du wirst strahlen, dein Herz bebt vor Freude und öffnet sich weit. Denn der Reichtum des Meeres strömt dir zu, die Schätze der Völker kommen zu dir.

Hier können wir sehen, dass genau in der Zeit, wenn tiefe Finsternis die Völker bedecken wird, die Herrlichkeit Gottes über seinem Volk aufgehen wird. Als Folge davon werden die Reichtümer der Völker in das Haus des Herrn gebracht werden. Das ist sowohl eine Ermutigung als auch eine Warnung für uns. Uns wird bisher ungeahnter Reichtum anvertraut werden, aber wir müssen geistlich einen so festen Stand haben, dass er uns nicht zum Stolperstein und Ärgernis wird.

In unserer Zeit findet die Gier nach Geld und materiellen Gütern eine weite Verbreitung im Leib Jesu. Wir müssen unterscheiden zwischen wahrer Jüngerschaft, die immer zur Anbetung Gottes und zum Dienst an ihm führt, und dem, was lediglich unser Fleisch nährt, um uns zu Fall zu bringen. Wie der Teufel Jesus in Versuchung führte, indem er ihm das bot, wozu er ohnehin berufen war, aber ohne dass er dafür ans Kreuz hätte gehen müssen, so besteht auch heute noch eine der wichtigsten Taktiken des Feindes darin, den Erben der Errettung die Reichtümer und Segnungen des Reiches Gottes anzubieten, ohne dass sie selbst zum Kreuz kommen müssten. Es ist eine Falle!

Aber wie auch Jesus so viel mehr empfing, als Satan ihm je hätte bieten können, indem er an das Kreuz ging, so gilt auch für uns, dass wir letzten Endes unendlich viel mehr empfangen werden, als der Versucher uns je bieten könnte, wenn wir dem Herrn gehorchen und nachfolgen.

Kapitel 8

Der letzte Götze und die endgültige Freiheit

Wie wir bereits an anderer Stelle gesehen haben, kann Geld der letzte und grösste Götze des menschlichen Herzens sein. Deshalb beschäftigt sich auch ein grosser Teil der Bibel mit guter Haushalterschaft. Wenn wir nicht wissen, wie wir mit Geld richtig umgehen können, werden wir es sehr schlecht tun. Es ist an dieser Stelle erwähnenswert, dass jeder Rat, den Johannes der Täufer denen gab, die ihn fragten, den ökonomischen Bereich betraf (vgl. Lukas 3,10–14). Indem Johannes die Menschen lehrte, wie sie ihre praktischen Angelegenheiten in diesem Leben richtig anpacken konnten, leistete er einen wichtigen Beitrag dazu, das Volk für das Kommen des Herrn vorzubereiten. Das gleiche Prinzip gilt auch heute noch. Daher muss auch die gesunde, biblisch fundierte Lehre über Finanzen zu einem wichtigen Schwerpunkt für die Gemeinde unserer Tage werden.

Das «Zeichen des Tieres»

Wie ich noch häufiger wiederholen werde, ist es kein Zufall, dass eine der letzten Prüfungen darin bestehen wird, ob die Menschen das «Zeichen des Tieres» (Offenbarung 13, 16+17; 14.9) annehmen werden oder nicht. Dieses Zeichen wird den wirtschaftlichen Bereich betreffen. Wir werden uns diese Frage später noch genauer ansehen, aber zunächst wollen wir einige grundlegende Dinge betrachten, die in der Bibel über Finanzen gelehrt werden, und dabei immer im Gedächtnis behalten, dass die Wahrheit uns frei macht.

Der Herr selbst sagte in seinem Gleichnis von den Talenten (vgl. Matthäus 25,14–30) sehr deutlich, dass wir alles, was der Herr uns anvertraut hat, so Gewinn bringend wie möglich einsetzen müssen. Es ist richtig, dass wir unseren geistlichen Gaben dabei ein grösseres Gewicht zumessen als unseren natürlichen Ressourcen. Aber dennoch müssen wir erkennen, dass es dem Herrn in diesem Gleichnis der Talente um Geld ging. Zur Zeit des Neuen Testaments waren «Talente» eine Währungseinheit. In Lukas 16,10-13 wird uns von einer weiteren, ähnlichen Ermahnung des Herrn berichtet:

> *Wer in den kleinsten Dingen zuverlässig ist, der ist es auch in den grossen, und wer bei den kleinsten Dingen Unrecht tut, der tut es auch bei den grossen.*
> *Wenn ihr im Umgang mit dem ungerechten Reichtum nicht zuverlässig gewesen seid, wer wird euch dann das wahre Gut anvertrauen?*
> *Und wenn ihr im Umgang mit dem fremden Gut nicht zuverlässig gewesen seid, wer wird euch dann euer (wahres) Eigentum geben?*
> *Kein Sklave kann zwei Herren dienen; er wird entweder den einen hassen und den andern lieben, oder er wird zu dem einen halten und den andern verachten. Ihr könnt nicht beiden dienen, Gott und dem Mammon.*

Die Tatsache, dass wir *«nicht beiden dienen [können], Gott und dem Mammon»*, bedeutet, dass wir unsere Motivation, Gott zu dienen, nicht mit der Motivation vermischen können, Geld zu verdienen. Wir müssen zu einer Ausgewogenheit finden, mit unseren Finanzen weise nach den Prinzipien Gottes umzugehen und zugleich unsere treibende Motivation rein halten, nämlich in allem, was wir tun, nach den Dingen des Reiches Gottes zu trachten. Es gibt eine Vielzahl von Beispielen aus unserer Zeit, dass die Liebe zum Geld, oder schlechte finanzielle Haushalterschaft, sowohl einen Dienst wie auch Einzelne zerstört. Das hat nicht unbedingt damit zu tun, wie viel wir gerade haben, da die Armen bisweilen sogar noch mehr von der Liebe zum Geld oder dem Verlangen danach kontrolliert werden können als die Reichen.

Der Herr stellt in diesem Abschnitt sehr klar heraus, dass wir zunächst den treuen Umgang mit weltlichen Gütern lernen müssen, ehe uns die wahren Schätze des Reiches Gottes anvertraut werden können. So ist es für jeden Christen von grosser Bedeutung, den richtigen Umgang mit dem ungerechten Mammon zu lernen und gleichzeitig die richtige Einstellung dazu zu bewahren. Wenn Wohlstand unser höchstes Ziel ist, werden wir demjenigen dienen, der ihn uns gibt. Was Satan Jesus versprach, gilt auch für Sie; wenn Sie sich vor ihm beugen, um ihn anzubeten, also nach seinen Wegen leben, wird er Ihnen alles geben, was Gott Ihnen verheissen hat; er wird es Ihnen sogar noch viel schneller geben und ohne die Schmerzen des Kreuzes.

Satan bietet uns immer den einfachen Weg, wie wir die Verheissungen erlangen können, ohne an das Kreuz zu kommen; und viele ergreifen das Angebot, weil sie nicht erkennen, mit wem sie es zu tun haben. Viele Dienste sind schon in diese Falle getappt und werden von diesem Punkt an in die Irre geführt. Sie verbreiten vielleicht noch viel Aktivismus, veranstalten viel Lärm und bringen vielleicht sogar noch Frucht, aber sie tun nicht den Willen des Vaters.

Die Tatsache, dass wir das Zeichen des Tieres annehmen, ist noch nicht die Sünde, die uns unter das Gericht bringt – die Sünde ist es, das Tier anzubeten. Das Zeichen ist lediglich der Beweis dafür, dass der Betreffende das Tier angebetet hat. Werden wir also dem Gericht entkommen, wenn wir uns zwar weigern, das Zeichen anzunehmen, aber dennoch unser Leben weiter nach den Prinzipien des Tieres führen? Selbstverständlich nicht. Statt uns so viele Gedanken um das "Zeichen" zu machen, sollten wir uns überlegen, wie wir vielleicht noch dem Tier dienen oder in seinen Wegen leben.

Das Zeichen des Tieres ist unter Umständen viel subtiler, als wir bisher angenommen haben, wie auch das Siegel Gottes nicht wörtlich zu nehmen ist, sondern geistlich. Selbst wenn das Zeichen des Tieres ein buchstäbliches, äusserliches Zeichen sein sollte, werden wir uns nur dann weigern können, das Zeichen zu nehmen, wenn wir bereits zuvor mit dem Siegel der Knechte Gottes versiegelt sind. Das wird in Offenbarung 7,1–3 ganz deutlich herausgestellt:

> *Danach sah ich: Vier Engel standen an den vier Ecken der Erde. Sie hielten die vier Winde der Erde fest, damit der Wind weder über das Land noch über das Meer wehte, noch gegen irgendeinen Baum.*
> *Dann sah ich vom Osten her einen anderen Engel emporsteigen; er hatte das Siegel des lebendigen Gottes und rief den vier Engeln, denen die Macht gegeben war, dem Land und dem Meer Schaden zuzufügen, mit lauter Stimme zu: Fügt dem Land, dem Meer und den Bäumen keinen Schaden zu, bis wir den Knechten unseres Gottes das Siegel auf die Stirn gedrückt haben.*

Seit dem 2. Weltkrieg hat es etwas gegeben, das Zerstörung und Tod zurückgehalten und die Welt somit vor einem weiteren Weltkrieg verschont hat. Die Ereignisse, die dazu führten, dass der Überrest von Israel «zum zweiten Mal» in das Verheissene Land zurückgeführt wurde, wurden gleichzeitig mit der Versiegelung der Knechte Gottes ins Rollen gebracht. Das dauert bis zur Stunde noch an. Wir müssen gerade in dieser Zeit das Joch des Tieres und das Siegel Gottes verstehen und zugleich wissen, was es bedeutet, ein Knecht des Herrn zu sein.

Das Joch des Tieres zerbrechen

Ein Hauptgrund, weshalb Christen heutzutage so oft nicht frei sind, auf den Ruf Gottes in ihrem Leben zu reagieren, liegt darin, dass sie in Schulden stecken oder sich andere finanzielle Hindernisse in ihren Weg legen. Wenn wir zu etwas berufen sind – sei es, in den vollzeitigen Dienst einzutreten oder nur an einem Kurzzeit-Einsatz in der Mission teilzunehmen – und dabei unsere

Entscheidung davon abhängt, ob wir uns das Ganze leisten können oder nicht, beherrscht uns unser finanzieller Zustand mehr als der Wille Gottes. Gleichzeitig ist das auch eine Offenbarung darüber, wie sehr wir unser Leben auf den Grundlagen dieser Welt aufgebaut haben statt auf das Reich Gottes.

Aber selbst wenn wir jetzt noch in dieser tödlichen Falle gefangen sind, können wir trotzdem die Freiheit erlangen. Wir müssen unser Leben auf dem Reich Gottes aufbauen, auf dem Fels, indem wir das Wort Gottes hören und ihm gehorchen. Ganz gleichgültig, wie ungehorsam oder töricht wir vorher waren oder wie schlimm unsere jetzige Situation ist, wenn wir Busse tun, wird der Herr uns befreien. Unser Gott ist wirklich allmächtig. Wenn er eingreift, gibt es keine Beschränkung für das, was er tun kann. Wenn sein Volk eingeschlossen von feindlichen Heerscharen in der Falle sitzt, ist es seine Freude, die grössten Wunder zu wirken. Aber wahrer Glaube beginnt stets mit wahrer Busse über all die Dinge, die wir falsch gemacht haben. Busse bedeutet nicht nur, dass uns etwas Leid tut, sondern dass wir uns von unseren bösen Wegen abwenden.

Wie C.S. Lewis einmal gesagt hat: Wenn wir im christlichen Leben eine falsche Abzweigung genommen haben und uns auf dem falschen Weg befinden, ist es niemals so, dass dieser Weg urplötzlich zum richtigen Weg wird. Die einzige Art, wie wir auf den richtigen Weg zurückfinden, besteht darin, zurück an den Punkt zu gehen, wo wir die falsche Abzweigung genommen haben. Der Herr will uns nicht befreien, nur um dann zuzulassen, dass wir direkt in unsere alte Knechtschaft zurückfallen, weil wir unser Leben nicht verändert haben. Daher ist eine echte Busse immer der Ausdruck von dem echten Glauben, der ihn zum Handeln bewegt.

Finanzielle Freiheit

Es gibt eine klare, biblische Vorgehensweise, wie wir aus Schulden herauskommen und schuldenfrei bleiben, wie wir finanziell unabhängig werden und bleiben können. Die Definition, die ich an dieser Stelle für «finanzielle Unabhängigkeit» gebrauchen will, besagt, dass ich mich an dem Punkt befinde, wo ich keine einzige Entscheidung aus finanziellen Überlegungen heraus treffen muss, sondern wo ich schlicht und einfach gemäss dem offenbarten Willen Gottes leben kann. Das ist der Zustand, in dem jeder Christ leben sollte. Das muss unser erstes und wichtigstes Finanzziel sein. Wir müssen uns dabei stets vor Augen halten, dass es eine sehr einfache biblische Formel gibt, nach der wir immer einen Ausweg finden, ganz unabhängig davon, wie hoffnungslos unser gegenwärtiger finanzieller Zustand erscheinen mag:

Busse + Gehorsam = Freiheit

Unser erster Schritt muss es sein, alle Wege zu erkennen und darüber Busse zu tun, in denen wir von den eindeutigen Anordnungen der Bibel abgewichen sind. Als Nächstes müssen wir damit anfangen, den klaren und einfachen Anweisungen der Bibel bezüglich unseres Finanzmanagements Folge zu leisten. Wenn wir das tun, werden wir aus unserer gegenwärtigen Situation herauskommen und anfangen, in einer Freiheit zu leben, die besser als alles ist, was wir uns bis dahin erträumt haben.

Die Antwort

Die meisten von uns sind der Meinung, dass der Ausweg aus unserer Situation darin zu suchen ist, mehr Geld zu verdienen. Das stellt aber nur selten die Lösung für unsere finanziellen Probleme dar, sondern macht sie oft nur noch schlimmer. Was wir brauchen, ist echter Glaube an Gott, der sich immer in direktem Gehorsam ihm gegenüber manifestiert. Der Plan Gottes für unsere finanzielle Freiheit macht es nicht nötig, dass wir noch mehr Geld verdienen, und wahrscheinlich wird er uns auch keine Offenbarung schenken, damit wir im Lotto gewinnen können. Wir haben es vielleicht nicht für möglich gehalten, dass es einen anderen Weg gibt, aber es gibt ihn. Wenn Gott Brot und Fische vermehren kann, kann er auch dafür sorgen, dass unser jeweiliges Einkommen für alles ausreicht, was er uns bestimmt hat. Den meisten von uns wäre schon ganz gut geholfen, wenn der «Fresser» in unserem Leben bedroht und vertrieben wäre, damit die Verluste ein Ende haben. Wie auch immer die Umstände sind, werden wir auf einem soliden finanziellen Fundament stehen, wenn wir den einfachen und klaren Anweisungen der Schrift gehorchen, wie wir das verwalten sollen, was uns anvertraut wurde.

Wir wissen inzwischen, dass «die Geldliebe eine Wurzel alles Bösen» ist (1. Timotheus 6,10a) und dass Geld die verborgenen Wünsche des menschlichen Herzens prüfen kann. Götzendienst ist eine der schlimmsten Beleidigungen Gott gegenüber, und so, wie wir unser Vertrauen auf das Geld setzen, stellt es eine der grössten Formen des Götzendienstes in unseren Tagen dar. Das Geld an sich ist nicht böse, aber was wir damit machen, kann zu einem Faktor werden, der den Verlauf unseres gesamten Lebens zum Guten oder zum Bösen bestimmt. Es ist daher von äusserster Wichtigkeit, dass wir uns jetzt dieses Themas in unserem Leben annehmen und die Entscheidung treffen, in allererster Linie Gott zu gehorchen, und dass wir uns in diesem Bereich, wenn nötig, eine Selbstdisziplin auferlegen. Wie können wir das tun?

Wir haben in der Stelle aus Offenbarung 7,1–3 gesehen, dass den vier Engeln befohlen wurde, die vier Winde der Erde zurückzuhalten, bis den Knechten Gottes sein Siegel auf die Stirn gedrückt worden ist. Auch wir müssen dieses Zeichen empfangen. Viele Gläubige haben schon viel Zeit damit verbracht, angestrengt herauszufinden, wie das Zeichen des Tieres nun sein wird, damit sie nicht davon überlistet werden, aber dem Siegel Gottes wurde bisher kaum Aufmerksamkeit gewidmet. Der einzige Weg, wie wir das Zeichen des Tieres vermeiden werden, besteht darin, das Siegel Gottes zu tragen. Wenn Gott uns versiegelt, werden wir uns nie davor fürchten müssen, das Zeichen des Tieres anzunehmen.

Der Schlüssel, um das Siegel Gottes zu verstehen, besteht in der klaren Vorstellung, was es bedeutet, ein Knecht zu sein – so wie der Schlüssel, um das Zeichen des Tieres zu verstehen, darin besteht, das Tier zu verstehen. Wie wir bereits an anderer Stelle gesagt haben, hat der Herr uns zur Freiheit geschaffen. Das steht in einem scheinbaren Widerspruch zum Wesen eines Knechtes, der ursprünglich ein Sklave war. Aber wir können nur dort ein Knecht des Herrn werden, wenn wir uns aus freiem Willen dazu entscheiden. Obwohl der Herr uns mit seinem Blut erkauft hat, wird er niemanden dazu zwingen, sein Knecht zu werden. Was hat es also mit einem solchen Knecht auf sich?

In der Bibel wird jemand als Knecht bezeichnet, der die Möglichkeit gehabt hätte, seine Freiheit zu erlangen, der aber seinen Herrn so sehr liebt, dass er sich aus freien Stücken dafür entscheidet, sein Leben lang als Sklave dieses Herrn zu dienen. Auch wir haben die freie Entscheidung, ob wir solche Knechte sein wollen oder nicht. Nicht alle Gläubige sind Knechte. Viele haben verstanden, dass Jesus sich für ihre Sünden geopfert hat; aber sie leben immer noch ihr eigenes Leben für sich selbst. Früher waren wir Sklaven der Sünde. Das Kreuz hat uns die Freiheit erkauft, und nun gehören wir Christus. Wir gehören nicht länger uns selbst, sondern wir gehören ihm. Ein Knecht lebt nicht für sich selbst, sondern für seinen Herrn. Das ist die Hingabe an einen radikalen Lebensstil des Gehorsams.

Ein echter Knecht verfügt über kein eigenes Geld, daher kann er auch nichts von dem freizügig ausgeben, was ihm anvertraut worden ist, weil es nicht ihm gehört. Heisst das, dass wir jedes Mal beten und auf eine Antwort aus dem Himmel warten müssen, wenn wir uns eine Dose Bohnen kaufen wollen? Nein. Wir können in den Gleichnissen Jesu immer wieder sehen, dass er ein Herr ist, der seine Sklaven mit grosszügiger Autorität ausstattet. Aber er erwartet von uns die Reife, Verantwortlichkeit und Weisheit, mit *seinen* Ressourcen sorgfältig umzugehen.

Ein Knecht verfügt auch nicht über seine eigene Zeit. Selbst seine Zeit gehört seinem Herrn. Ein Knecht vergeudet seine freie Zeit nicht, weil sie ihm nicht gehört. Zeit ist eine der kostbarsten Gaben, die uns auf dieser Erde gegeben werden kann, und wie wir unsere Zeit gebrauchen, besonders unsere «Frei-Zeit», ist für gewöhnlich ein guter Hinweis darauf, wem wir auf dieser Erde wirklich dienen – uns selbst, der Welt oder dem Herrn. Ein gemeinsames Kennzeichen aller, die auf Grund ihrer Treue vom Herrn die Worte hören werden: «Gut gemacht, du guter und treuer Knecht», ist die Tatsache, dass sie ihre Zeit nicht verschwendet haben.

Selbst die Familie eines Knechtes gehört seinem Herrn. Unsere Kinder sind nicht «unsere» Kinder, sondern sie sind uns anvertraut worden. Der Herr will, dass wir sie mit der Sorgfalt eines Erziehers oder einer Amme hüten, der die Kinder eines Königs anvertraut worden sind, die Thronfolger.

Freiwillig ein solcher Knecht oder Sklave zu werden, ist die höchste Form der Hingabe, die wir in dieser Welt machen können. Das ist es, was es wirklich heisst, das Kreuz zu erfassen. Keiner, der ein echter Knecht ist, lebt für sich selbst, sondern nur noch für seinen Herrn. Das sind die Menschen, die das Siegel des Herrn empfangen.

Es steht uns frei, weiter für uns selbst zu leben und viele Segnungen vom Herrn zu empfangen; aber es ist die höchste Form der Torheit. Keiner, der wirklich weise und gereift in den Wegen des Reiches Gottes ist, strebt nur nach Segnungen – er ist bestrebt, zu einer Wohnstätte der *offenbarten Gegenwart* des Herrn zu werden. Der Herr segnet viele Dinge, in denen er deshalb aber noch lange nicht wohnt.

Der Segen, ein Knecht zu sein

Der Herr ist der beste Herr und Meister, den es gibt. Er ist sogar noch besser, als wir es selbst als Herren unseres eigenen Lebens wären. Das Leben eines solchen Knechtes ist das erfüllendste, interessanteste und einfachste Leben, das wir jemals auf dieser Erde führen könnten. Die Tatsache, dass es das «einfachste» Leben ist, bedeutet nicht unbedingt, dass es leicht sein wird, aber es wird auf jeden Fall viel einfacher und leichter sein, als wenn wir versuchen würden, die Dinge selbst in die Hand zu nehmen.

Wenn wir zu Knechten werden, tauschen wir unsere mageren Konten gegen seine unerschöpflichen Ressourcen ein. Das bedeutet aber nicht, dass wir einem Kaufrausch verfallen dürfen, sondern vielmehr, dass, wenn wir wirklich das Leben eines Knechts gewählt haben, all unsere finanziellen Sorgen für immer vorbei sind – solange wir von dieser Hingabe nicht abweichen. Als unser Herr wird er für uns sorgen. Er wird uns durch Zeiten führen, in denen wir im Glauben wachsen müssen; aber solange wir wissen, dass wir von ihm geführt werden, sind alle Prüfungen eine Freude für uns, weil wir wissen, dass sie uns zu grösserer Autorität und Verantwortung in seinem Reich führen. Nur als Knechte können wir wirklich den Herrn als unsere Quelle kennen lernen. Der Schlüssel, um in dieser Zeit zu überleben, liegt darin, ein Knecht des Herrn zu sein. Jeder Herr ist verpflichtet, für seine Sklaven zu sorgen, und wir haben den zuverlässigsten aller Herren. Er kümmert sich um die Seinen.

Wenn wir Knechte des Herrn sind, werden wir zu seinen Sklaven, aber gleichzeitig bedeutet das die grösste Freiheit, die wir in diesem Leben jemals kennen lernen können. Wenn wir mit ihm vereint sind, indem wir sein Joch auf uns nehmen, sterben wir dieser Welt, wie auch er ihr gestorben ist. Wenn wir für diese Welt wirklich tot sind, gibt es nichts mehr, was die Welt uns noch antun könnte. Ein Toter empfindet keine Angst, er kann nicht beleidigt werden; der Verlust seines Besitzes reut ihn nicht. Das Mass, in dem wir den Verlust unseres Besitzes oder unserer Position fürchten, ist auch das Mass, in dem wir diesen Dingen noch nicht gestorben sind. Auch da gebraucht der Feind Angst und Furcht, um uns zu binden, wie der Herr Glauben gebraucht, um uns frei zu machen.

Wenn wir dieser Welt gestorben sind und für Jesus Christus leben, haben wir ihn selbst in unserem Leben empfangen, sodass alle Schätze diese Erde mit einem Mal gering und unbedeutend erscheinen. Wenn wir zusammen mit dem König der Könige auf seinem Thron sitzen, welchen Reiz könnte da eine irdische Position noch für uns haben? Das bedeutet nicht, dass uns unsere Arbeitsstellen oder Dienste hier vollkommen gleichgültig sein sollten, aber sie bedeuten uns nur deshalb etwas, weil er sie uns anvertraut hat, und wir tun sie aus Anbetung ihm gegenüber. Wenn uns unsere Positionen auf der Erde genommen werden, besitzen wir in ihm immer noch eine Position auf seinem Thron; und wir werden ihn anbeten, ganz gleich welchen Weg er uns als Nächstes führen wird. Wir sind seine Sklaven, und wir müssen mit jeder Aufgabe zufrieden sein, die er uns gibt.

Wenn Christus unser Leben ist, unser Vertrauen und wirklich das sehnlichste Verlangen in unserem Herzen, kann er uns auch irdischen Besitz und Positionen anvertrauen, über die wir herrschen sollen. Aber wenn er nicht unser Leben, unser Vertrauen und das sehnlichste Verlangen in unserem Herzen ist, werden unser Besitz und unsere Position unweigerlich über uns herrschen. Wer oder was auch immer über uns herrscht, ist stets unser Herr und Meister. Wir kommen in eine Zeit, in der die Herrschaft Jesu mehr als eine Lehrmeinung sein muss – sie muss die grundlegende und kontinuierliche Realität in unserem Leben sein. Dann werden wir wirklich frei sein. Wenn wir unter dem gleichen Joch mit ihm gehen und alle anderen Joche dieser gegenwärtigen bösen Zeit abgeschüttelt haben, ist er auch frei, uns die unbegrenzten Ressourcen seines Reiches anzuvertrauen.

Die einzige Antwort auf die extremen Ängste, die uns gebunden halten, ist es, in radikaler Jüngerschaft gegenüber dem Herrn zu leben.

O.k.!

Kapitel 9

Soziale Freiheit

Das Erste, was Gott als nicht gut bezeichnete, war die Tatsache, dass der Mensch alleine war. Das ist eine interessante Beobachtung, da der Mensch in einer innigen Beziehung zu Gott stand, als der Herr das sagte. Wir könnten uns an dieser Stelle fragen, weshalb Gott für den Menschen nicht ausreichend war; aber die Wahrheit ist einfach, dass Gott uns so geschaffen hat, dass wir auch andere Menschen brauchen. Daher ist es nicht falsch, eng mit unseren Familien, Gemeinden und anderen sozialen Gruppen verbunden zu sein, solange wir unsere Beziehung zum Herrn an der ersten Stelle halten. Wir alle brauchen Gemeinschaft.

Unsere Beziehung zu Gott sollte den erfüllendsten Teil unseres Lebens darstellen, aber wir brauchen auch die Gemeinschaft mit anderen Menschen. Beziehungen sind ein lebenswichtiger Teil unseres Daseins. Das Prinzip von Furcht im Gegensatz zu Glauben gilt auch bei Beziehungen. Es ist von elementarer Bedeutung, dass wir gute soziale Fähigkeiten entwickeln, um gute Beziehungen aufbauen zu können. Gute soziale Fähigkeiten geben uns ein beträchtliches Mass an Sicherheit in unserem Leben, das viele Ängste vertreibt, die ansonsten eine verheerende Kontrolle über unser Leben ausüben können.

Ich erinnere mich noch gut an die Verwirrung, die ich in meiner Teenagerzeit erlebte. Wegen unserer heftigen Familienprobleme war diese Zeit für mich wahrscheinlich noch verwirrender als für die meisten anderen. Ich erinnere mich noch daran, wie erstaunt ich war, welcher Frieden und welche Ruhe mit einem Mal in meinem Leben einkehrten, als ich zum Militär ging. Ich wurde ausgebildet, ausgerüstet und erhielt eine spezielle Aufgabe. In dem Augenblick, als ich wusste, wo mein Platz im

Ganzen war, breitete sich ein Gefühl von grosser Sicherheit in meinem Leben aus. Mein soziales Selbstvertrauen wuchs, als ich herausfand, in welcher Beziehung ich zu den anderen in der Organisation stand. Ich hatte einen Rang und wusste genau, über wen ich Autorität hatte und wer die Autorität über mich hatte. Das gab mir Sicherheit, und ich konnte in dem Mass vorankommen, in dem meine Fähigkeiten zunahmen.

Der Leib Jesu sollte eine ähnliche Funktion in einer Welt einnehmen, die gerade dabei ist, in immer grössere soziale Verwirrung und Unsicherheit zu stürzen. Jeder Neubekehrte sollte sehr schnell seine Berufung und geistlichen Gaben kennen lernen und das Training und die Ausrüstung erhalten, damit er seinen rechtmässigen Platz einnehmen kann. Sobald diese Neubekehrten anfangen, ein Teil des Leibes Jesu zu sein und ihre Aufgaben mit Weisheit und Gnade zu übernehmen, wird der Herr sie befördern.

Umfragen haben gezeigt, dass etwa 95% der Menschen, die eine Entscheidung für Jesus treffen, sich niemals einer Gemeinde anschliessen. In der Urgemeinde war es so, dass einhundert Prozent derer, die zu Jesus fanden, der Gemeinde hinzugefügt wurden. Von einem biblischen Standpunkt gesehen, müssen wir die Errettung all derer in Frage stellen, die sich keiner Gemeinde anschliessen, nachdem sie ihr Leben dem Herrn gegeben haben. Wenn wir wirklich an das Haupt angeschlossen sind, werden wir uns auch seinem Leib anschliessen. Aber viele, die dem Herrn dienen wollen, wissen gar nicht, wie sie sich richtig dem Leib anschliessen sollen. Die meisten spüren ganz instinktiv, dass Christentum mehr sein muss, als ein paar Mal in der Woche in einem langweiligen Gottesdienst zu sitzen; aber nur wenige finden das im gegenwärtigen Gemeindeleben, wonach sich ihr Herz wirklich sehnt.

Die Tatsache, dass so wenige jemals zu einem echten Teil der Gemeinde werden, die sich entschieden haben, dem Herrn zu dienen, wirft ein schlechtes Licht auf die Gemeinde, nicht auf die Neubekehrten oder die Evangelisten. Wenn die Gemeinde erst einmal zu dem Leib geworden ist, zu dem sie eigentlich berufen ist, in dem jeder Teil seine Aufgabe wahrnimmt und erfüllt, werden wir auch sehen, wie diejenigen, die ihr Leben dem Herrn übergeben haben, zu einem Teil der Gemeinde werden und sehr schnell ihren Platz darin finden. Wenn sie auf diese Weise fest eingebunden sind, wird es dem Feind nicht länger gelingen, sie wieder abzuziehen. Die Gemeinde, so wie sie gedacht war, erfüllt die tiefste Sehnsucht des menschlichen Herzens nach Gemeinschaft auf solche Weise, wie es keiner anderen Gruppierung auf Erden jemals gelingen wird.

Im Moment ist die Gemeinde aber leider noch sehr weit von diesem Idealzustand entfernt. Einige haben dabei bereits gute Fortschritte erzielt, aber im Grossen und Ganzen ähnelt die Gemeinde eher noch einer Publikums-Sportart, die viele Zuschauer anzieht, welche die Leistung einiger weniger beobachten und bejubeln. Die Grundlage vieler Gottesdienste beruht mehr auf Unterhaltung als auf Salbung; und das beste Unterhaltungsprogramm, mit dem die Gemeinde aufwarten kann, wird im Vergleich zu dem, was die Welt zu bieten hat, immer langweilig und altbacken erscheinen. Wir sind aber gar nicht dazu berufen, in diesem Bereich mit der Welt zu wetteifern, deshalb haben wir weder die Gnade noch die Salbung dazu. Auf der anderen Seite gibt es aber nichts Interessanteres, Fesselnderes, Begehrenswerteres und Wunderbareres als den Herrn. Wenn wir mehr Zeit damit verbringen würden, um den Herrn dazu zu bringen, in unsere Gottesdienste zu kommen, als damit, Menschen anzuziehen, hätten wir mehr Besucher, als wir versorgen könnten.

Die Freiheit, marschieren zu lernen

Aber zurück zu der Armee, zu der wir als Teil seines Leibes berufen sind. Der Prophet Joel hatte die Vision einer mächtigen Armee Gottes, die über die Erde kam. Eine Macht, wie sie bisher auf der Erde noch nie gesehen wurde, wird über die Welt hereinbrechen; sie wird in Joel 2,1–11 beschrieben:

Auf dem Zion stosst in das Horn, schlagt Lärm auf meinem heiligen Berg! Alle Bewohner des Landes sollen zittern; denn es kommt der Tag des Herrn, ja, er ist nahe,
der Tag des Dunkels und der Finsternis, der Tag der Wolken und Wetter. Wie das Morgenrot, das sich über die Berge hinbreitet, kommt ein Volk, gross und gewaltig, wie es vor ihm noch nie eines gab und nach ihm keines mehr geben wird bis zu den fernsten Geschlechtern.
Vor ihm her verzehrendes Feuer, hinter ihm lodernde Flammen; vor ihm ist das Land wie der Garten Eden, hinter ihm schaurige Wüste – nichts kann ihm entrinnen.
Wie Rosse sehen sie aus, wie Reiter stürmen sie dahin.
Wie rasselnde Streitwagen springen sie über die Kuppen der Berge, wie eine prasselnde Feuerflamme, die die Stoppeln frisst, wie ein mächtiges Heer, gerüstet zur Schlacht.
Bei ihrem Anblick winden sich Völker, alle Gesichter glühen vor Angst.
Wie Helden stürmen sie dahin, wie Krieger erklettern sie die Mauer. Jeder verfolgt seinen Weg, keiner verlässt seine Bahn. Keiner stösst den andern; Mann für Mann ziehen sie ihre Bahn. Mitten durch die Wurfspeere stürmen sie vor, ihre Reihen nehmen kein Ende.
Sie überfallen die Stadt, erstürmen die Mauern, klettern an den Häusern empor, steigen durch die Fenster ein wie ein Dieb.
Die Erde zittert vor ihnen, der Himmel erbebt; Sonne und Mond verfinstern sich, die Sterne halten ihr Licht zurück.
Und der Herr lässt vor seinem Heer seine Stimme dröhnen; sein Heer ist gewaltig, mächtig ist der Vollstrecker seines Befehls. Ja, gross ist der Tag des Herrn und voll Schrecken. Wer kann ihn ertragen?

Die Armee Gottes, die in den letzten Tagen über diese Erde ziehen wird, wird von Feuer erfüllt sein. Sie wird deshalb ein Feuer auf die Erde bringen, weil unser Gott, der ein verzehrendes Feuer ist, in ihrer Mitte sein wird. Wenn diese Armee voranzieht, wird sie alles Holz, Stroh und alle Stoppeln in ihrer Reichweite zerstören; gleichzeitig wird sie alles Gold, Silber und alle Edelsteine läutern. Sie wird alles von Menschen Erbaute vernichten und offenbaren, was wirklich von Gott erbaut ist. Uns steht entweder Schreckliches oder Herrliches bevor, je nachdem, auf was wir unser Leben gegründet haben. Die Erde wird buchstäblich vor der Gegenwart des Herrn inmitten seiner Armee erzittern. Diese Armee wird jetzt gerade zusammengestellt. Das Wort Gottes in ihrem Mund wird die Götzen dieser Welt zerschlagen, wie ein Hammer den Felsen zerschlägt. Der Geist in ihr wird eine unwiderstehliche Macht sein.

Es wird für uns immer wichtiger und dringlicher, unseren Platz in der Armee Gottes, in seiner Gemeinde, zu finden. Alleine werden wir es niemals schaffen. Während der soziale Zusammenbruch in der Welt um uns herum fortschreitet, wird der Leib Jesu weltweit zu einer immer klarer definierten, disziplinierten und mächtigen sozialen Kraft. Letzen Endes werden wir ebenso diszipliniert sein wie die beste Armee, die jemals über diese Erde marschiert ist. Jeder Einzelne wird seinen besonderen Platz in dieser Armee kennen, alle werden in Reih und Glied voranziehen, keiner wird den anderen bedrängen, sondern sie werden einander bei dem grossen, bevorstehenden Vorstoss helfen und unterstützen. Alle, die ein Teil dieser Armee sind, werden immer grösseren Frieden und Sicherheit erleben. Alle, die sich nicht an ihrem Platz befinden, werden immer grösseren und zunehmenden Ängsten ausgesetzt sein.

Wenn wir unseren Platz kennen, bringt das eine Freiheit mit sich, ohne die wir unmöglich unsere Bestimmung auf dieser Erde erfüllen können. Wie ein Zug unbedingt Schienen braucht, die ihn auf seiner Bahn halten und in seine Schranken weisen, um das tun zu können, wozu er gebaut wurde, benötigen auch wir in unserem Leben bestimmte Leitlinien, die uns freisetzen, mit Kühnheit und Zuversicht voranzugehen. Ohne derartige klare Leitlinien werden wir immer zögerlich sein.

Ohne die Schienen, die ihn auf seiner Bahn halten und somit einschränken, würde der Zug vielleicht querfeldein rumpeln.

Wenn er das täte, würde er sehr schnell stecken bleiben und nicht weiterfahren können. Genau das Gleiche geschieht mit der «schrankenlosen Freiheit», die der Geist der Gesetzlosigkeit zurzeit in der Welt so fördert. Wenn wir all unsere Beschränkungen und Leitlinien abschütteln, werden wir zu Menschen, die wahrhaft gebunden und bemitleidenswert sind. Erst die Leitlinien, die Gott uns gegeben hat, machen uns wirklich frei. Er ist unser Schöpfer, und er kennt uns besser als wir uns selbst. Seine Bestimmung für unser Leben ist Freiheit. Das ist ein grundlegendes Prinzip des Reiches Gottes, aber es ist die Freiheit, das zu sein, wozu wir geschaffen wurden, und das zu tun, wozu wir auf dieser Erde berufen sind.

Das tragische Versagen der Dienste

Seit einigen Jahren habe ich beinahe jede grössere Gruppe von Christen, zu denen ich gesprochen habe, gefragt, wie viele von ihnen ihre Berufung, ihren Dienst, ihre Geistesgaben oder ihren Platz im Leib Jesu kennen. Dabei bin ich zu der Schlussfolgerung gekommen, dass nur etwa fünf Prozent der Gläubigen das wissen. Wie gut wären Ihre Körperfunktionen, wenn lediglich fünf Prozent Ihres Körpers seine Aufgaben wirklich wahrnehmen würden? Genau das ist aber der Zustand der Gemeinde heute. Es ist an dieser Stelle eine interessante Feststellung, dass das auch dem Prozentsatz der Menschen entspricht, die eine Entscheidung für Jesus treffen und die anschliessend zu einem Teil der Gemeinde werden. Aus diesem Grund ist es sehr gut möglich, dass Epheser 4,11–16 zu den wichtigsten Bibelstellen unserer Zeit zählt:

> *Und er gab den einen das Apostelamt, andere setzte er als Propheten ein, andere als Evangelisten, andere als Hirten und Lehrer,*
> *um die Heiligen für die Erfüllung ihres Dienstes zu rüsten, für den Aufbau des Leibes Christi.*

So sollen wir alle zur Einheit im Glauben und in der Erkenntnis des Sohnes Gottes gelangen, damit wir zum vollkommenen Menschen werden und Christus in seiner vollendeten Gestalt darstellen.
Wir sollen nicht mehr unmündige Kinder sein, ein Spiel der Wellen, hin und her getrieben von jedem Widerstreit der Meinungen, dem Betrug der Menschen ausgeliefert, der Verschlagenheit, die in die Irre führt.
Wir wollen uns, von der Liebe geleitet, an die Wahrheit halten und in allem wachsen, bis wir ihn erreicht haben. Er, Christus, ist das Haupt.
Durch ihn wird der ganze Leib zusammengefügt und gefestigt in jedem einzelnen Gelenk. Jedes trägt mit der Kraft, die ihm zugemessen ist. So wächst der Leib und wird in Liebe aufgebaut.

Hier können wir erkennen, dass die ausrüstenden Dienste oder Ämter, die in Vers 11 aufgezählt werden, nicht berufen sind, das Werk zu tun, sondern sie sollen die Gläubigen dazu ausrüsten, die Werke des Dienstes zu tun. Das geschieht, damit «der Leib Jesu wächst»; der wahre Leib Jesu kann auf keine andere Art aufgebaut werden und wachsen. Dies muss so lange geschehen, bis:

1. wir zur «Einheit im Glauben» gelangen,
2. wir die «Erkenntnis des Sohnes Gottes» haben,
3. wir zum «vollkommenen Menschen» (Einzahl) geworden sind,
4. wir «Christus in seiner vollendeten Gestalt» darstellen.

Gibt es eine einzige Gemeinde oder Versammlung hier auf der Erde, die dieses Ziel bereits erreicht hat? Wenn dies irgendwo der Fall ist, würde ich es gerne wissen, denn ich wäre bereit, jeden Preis zu bezahlen, nur um es zu sehen. Die Verse, die unmittelbar auf diese Stelle folgen, zeigen uns, wie wir dies erreichen können:

1. Wir müssen «von der Liebe geleitet, uns an die Wahrheit halten».
2. Wir müssen «in allem wachsen, bis wir Christus erreicht haben».
3. Wir werden «zusammengefügt und gefestigt in jedem einzelnen Gelenk».
4. Wenn jeder mit der Kraft trägt, die ihm zugemessen ist, wächst der Leib und wird in Liebe aufgebaut.

Wir wollen uns die einzelnen Punkte nun etwas genauer ansehen. Zuerst müssen wir die Wahrheit sprechen; aber wir müssen es in Liebe tun. Ein Grund, weshalb einige Gemeinden und Christen so abstossend auf Nichtchristen wirken, besteht darin, dass sie nicht die Wahrheit sprechen. Der zweite Grund ist der, dass diejenigen, welche die Wahrheit sprechen, es oft nicht in Liebe tun. Wenn wir die Wahrheit ohne Liebe sprechen, wird es nicht funktionieren.

Als Nächstes müssen wir eine Vision gewinnen, was es bedeutet, «in allem zu wachsen, bis wir ihn erreicht haben». Wie können wir das tun? Dabei müssen wir als Erstes erkennen, dass niemand das alleine schaffen kann. Ein einzelner Mensch wird niemals alle Gaben und Dienste des Herrn in sich vereinigen. Erst als Leib von Gläubigen können wir gemeinsam alle Aspekte von Christus sichtbar machen. Deshalb müssen wir zur Einheit finden.

Des Weiteren sollen wir «zusammengefügt und gefestigt werden in jedem einzelnen Gelenk». Ein Gelenk ist kein Teil an sich, sondern der Ort, an dem zwei Teile zusammenkommen. Es geht nicht, dass jeder Teil an jeden anderen Teil des Leibes angeschlossen ist. Die Hand muss an das Handgelenk angeschlossen sein und so weiter. Wir müssen daher erkennen, dass einige Glieder des Leibes bestimmten anderen Gliedern näher sein werden. Wir müssen es zulassen, dass zwischen bestimmten Gliedern eine besondere Verbindung besteht, solange diese Bindung mit ihrer Funktion innerhalb des Leibes zu tun hat.

Zuletzt wird noch deutlich, dass der Leib wächst und in Liebe aufgebaut wird, wenn jeder einzelne Teil seine Aufgabe erfüllt und mit der Kraft trägt, die ihm zugemessen ist. Daher muss es unser Bestreben sein, dafür zu sorgen, dass jeder einzelne Teil des Leibes seine Aufgabe erfüllen kann, wenn wir wirklich erleben wollen, wie der Leib wächst und so aufgebaut wird, wie es ursprünglich gedacht war; sonst wird die Gemeinde so unwirksam und ineffektiv bleiben, wie es von jedem Körper zu erwarten ist, dessen Glieder lediglich zu fünf Prozent funktionieren.

Zusammenfassung

Was hat das alles mit geistlichem Kampf und unserer Freiheit zu tun? Wir werden erst dann frei sein, wenn wir zu dem werden, wozu wir erschaffen wurden, und wenn wir das tun, wozu wir bestimmt sind. Ohne das richtige Training, die entsprechende Ausrüstung und Entsendung der Heiligen in ihre Bestimmung auf der Erde werden wir niemals zu der siegreichen Armee werden, zu der wir berufen sind. Im Allgemeinen gleicht die Gemeinde zurzeit eher einem riesigen Mob oder aufgebrachtem Strassenpöbel, der zur Schlacht gerufen wurde, aber niemand bildet sie aus oder trainiert sie, ganz zu schweigen von der entsprechenden Ausrüstung (d.h. ihnen die richtigen Waffen in die Hände zu geben), um sie dann in den Kampf zu senden. Im Grossen und Ganzen ist die Gemeinde wie ein grosser Schafstall, in den die Hirten ein paar Mal in der Woche Futter hineinwerfen; aber das ist dann auch schon alles, was die Schafe zu erwarten haben. Deswegen gleiten auch die meisten, die eigentlich zum Herrn kommen wollen, irgendwann wieder ab.

Es gibt viele positive Zeichen, dass zumindest einige Leiter in der Gemeinde die Wurzel des Problems erfasst haben. Nur wenige haben bisher erkannt, was sie dagegen tun können, und noch weniger sprechen dieses Problem gezielt an; aber dieser Zustand wird sich verändern. Die Hauszellen-Bewegung ist eine der Antworten Gottes; aber die grösste Antwort besteht immer noch darin, unsere grundsätzliche Vorstellung darüber zu verändern, was Gemeinde eigentlich ist. Wir müssen uns am Montagmorgen genauso als Gemeinde sehen wie am Sonntagmorgen. Wir müssen erfassen, dass die Dienste und Gaben des Geistes auch für unseren Alltag gelten, nicht nur für die Gottesdienste. Einige der grössten Pastoren nehmen ihre Aufgabe als Pastoren ihrer Mitarbeiter wahr. Einige der grössten Lehrer lehren eine Hand voll Menschen um den Mittagstisch herum. Ist das nicht auch die Art, wie Jesus gelebt hat? Sein Dienst stand mitten im Alltagsleben und wirkte sich überall aus, wo er auch hinging. Unser Dienst muss genauso sein.

Kapitel 10

Die Waffen der Armee Gottes

Es mag widersprüchlich erscheinen, aber wir können nur dann unseren Platz als ein Teil in dieser grossen Armee, zu der wir berufen sind, wirklich einnehmen, wenn wir zunächst fest im Frieden Gottes gegründet sind. Eine der stärksten geistlichen Waffen, die dem Volk Gottes in die Hände gegeben wurden, ist der Friede. In unserer Vorstellung stellt Friede vielleicht keine Waffe dar; aber er ist eine derart mächtige Waffe, dass der Apostel Paulus nicht schrieb, der Herr der Heerscharen oder der Herr über Armeen würde den Feind vernichten, sondern er schrieb: «Der Gott des Friedens wird den Satan bald zertreten und unter eure Füsse legen.» (Römer 16,20) Wenn wir im Frieden Gottes bleiben, ist er für uns sowohl eine Festung und Zuflucht als auch eine Waffe, gegen die der Feind keine Macht hat.

Wenn wir in einer bestimmten Situation im Frieden Gottes bleiben, löst sich dadurch die Macht des Feindes in dieser Situation auf. Deswegen zielen die meisten Angriffe des Feindes auf die Gläubigen zunächst darauf ab, ihren Frieden zu rauben. Der Friede Gottes ist die Frucht des Geistes, mit der alle anderen stehen und fallen. Wenn er in unserem Leben vorhanden ist, sind auch die anderen zu finden. Wenn wir den Frieden Gottes verlieren, verlieren wir auch schnell die Geduld, Liebe, Selbstbeherrschung und so weiter. Das führt dazu, dass wir nicht länger in Christus bleiben. Wenn wir wirklich in Christus bleiben, wird das immer an der Frucht des Geistes erkennbar sein.

Weil wir Stellvertreter des Friedefürsten sind, und weil die, die Frieden stiften, Söhne Gottes genannt werden (vgl. Matthäus 5,9), sollte es eigentlich die Gemeinde sein, an die sich die Welt wendet, um eine Lösung für ihre Konflikte zu suchen. Wir erringen unseren Sieg über das Böse dadurch, dass wir es mit dem

Guten überwinden. Wir vernichten die zerstörerische Macht des Feindes, indem wir im Frieden leben und ihn weitergeben.

Aber anstatt dass sich die Welt an die Gemeinde wendet, um dort eine Lösung ihrer Konflikte zu suchen, sieht man die Gemeinde zurzeit eher als Quelle von neuen Konflikten. Das wird sich verändern. Die Gemeinde ist berufen, die Welt zu richten, und so wie Konflikte und Sorgen in der Welt zunehmen, werden der Frieden und die Weisheit in der Gemeinde in einem solchen Masse zunehmen, dass sogar die Heiden anfangen werden, die Christen um Hilfe zu bitten. Dadurch wird die geistliche Autorität der Gemeinde immer weiter wachsen und stärker werden, während gleichzeitig die Gesetzlosigkeit jede menschliche Form der Autorität untergräbt.

Die Gemeinde ist das «himmlische Jerusalem», das geistliche Jerusalem, das Paulus in Galater 4,26 erwähnt. Jerusalem bedeutet «Stadt des Friedens». Wie auch das irdische Jerusalem ist die Gemeinde heutzutage in beinahe unaufhörliche Auseinandersetzungen verwickelt, wobei die Kämpfe sowohl innerhalb der Gemeinde stattfinden, wie auch gegen die Mächte der äusseren Welt gerichtet sind. Sie wird aber schon bald die inneren Auseinandersetzungen beendet haben; und in dem Moment wird sie ihr ganzes grossartiges Waffenarsenal auf die gegnerischen Mächte um sich herum richten können. Wenn sie das tut, wird sie Frieden statt der Konflikte bringen.

Die Gemeinde wird sich erheben, um ihre Bestimmung in allem zu erfüllen, was sie ihrer Berufung nach sein und tun soll. Wie wir bereits erwähnt haben, wird es so sein, wie es in Jesaja 60,1–2 angekündigt ist: Die Dunkelheit wird zunehmen und Finsternis wird die Völker bedecken; dann wird die Herrlichkeit des Herrn aufgehen und über seinem Volk erscheinen. Während der Kampf und die Zwietracht zwischen den Menschen noch nie gesehene Höhen erreichen, wird die Gemeinde einen bis dahin noch nie da gewesenen Frieden erleben. Dieser Friede ist eine für den Feind uneinnehmbare Festung und Zuflucht. Dann wird die Gemeinde wirklich zum Heiligtum auf Erden.

Wie es im Moment auch keine menschliche Lösung für den Konflikt im Nahen Osten gibt, gibt es auch keine menschliche Lösung für den Konflikt innerhalb der Gemeinde. Diese Lösung kann nur von Gott kommen. Der Friede Gottes beruht auf dem Wissen, dass Gott immer noch Gott ist, und Jesus der König über alle Könige, Herrscher und Gewalten. Wenn wir erkennen, dass er alles in der Hand hält und die Lage im Griff hat, begreifen wir tief in unseren Herzen die Wahrheit von Römer 8,28: «Wir wissen, dass Gott bei denen, die ihn lieben, alles zum Guten führt, bei denen, die nach seinem ewigen Plan berufen sind.» Wenn wir in unserem Herzen verstanden haben, dass dies die Wahrheit ist, gibt es keine Macht auf Erden, die uns diesen Frieden jemals wieder rauben kann.

Wenn wir im Frieden Gottes bleiben, ganz gleichgültig wie unsere Umstände aussehen, wird dadurch jeder Versuch Satans zunichte gemacht, diese Umstände zu gebrauchen und gegen uns zu verwenden; gleichzeitig werden wir auch die Absichten Gottes darin erkennen können. Der Herr sitzt wegen keines einzigen Problems, das wir hier auf der Erde erfahren, händeringend im Himmel. Er kennt das Ende bereits von Anfang an, und er weiss genau, wie er die Dinge wieder ins Lot bringen wird. Wenn wir in ihm bleiben und mit ihm an den «himmlischen Örtern» sitzen, wie es unsere Berufung ist, werden wir im vollkommenen Frieden leben. In Jesaja 26,3 wird uns verheissen: **«Wer festen Herzens ist, dem bewahrst du Frieden; denn er verlässt sich auf dich.»** (Luth.) Das war auch der Grund, weshalb Paulus in dem grossen Gebet, das in Epheser 1,18–23 überliefert ist, das Folgende betete:

> *Er erleuchte die Augen eures Herzens, damit ihr versteht, zu welcher Hoffnung ihr durch ihn berufen seid, welchen Reichtum die Herrlichkeit seines Erbes den Heiligen schenkt und wie überragend gross seine Macht sich an uns, den Gläubigen, erweist durch das Wirken seiner Kraft und Stärke.*

Er hat sie an Christus erwiesen, den er von den Toten auferweckt und im Himmel auf den Platz zu seiner Rechten erhoben hat, hoch über alle Fürsten und Gewalten, Mächte und Herrschaften und über jeden Namen, der nicht nur in dieser Welt, sondern auch in der zukünftigen genannt wird. Alles hat er ihm zu Füssen gelegt und ihn, der als Haupt alles überragt, über die Kirche gesetzt. Sie ist sein Leib und wird von ihm erfüllt, der das All ganz und gar beherrscht.

Die «Augen eures Herzens» beziehen sich auf unsere geistlichen Augen. Sobald sie geöffnet werden, werden wir Jesus sehen, wie er hoch erhoben auf seinem Thron sitzt, hoch über allen Gewalten, Mächten und Herrschaften. Wenn wir ihn dort erkennen und anfangen, in seiner Wahrheit zu leben, werden wir ein Leben in dem unermesslichen Frieden führen, der sich aus dieser Wahrheit ergibt, und das wird jeden Einfluss Satans in unserem Leben zunichte machen. Das hatte auch König David verstanden, als er in Psalm 46,11–12 schrieb: «‹Lasst ab und erkennt, dass ich Gott bin, erhaben über die Völker, erhaben auf Erden.› Der Herr der Heerscharen ist mit uns, der Gott Jakobs ist unsre Burg.»

Wenn wir wirklich wissen, dass er Gott ist, werden wir aufhören zu kämpfen. Wenn sein Volk zu dieser Erkenntnis kommt und darin lebt, wird er «erhaben über die Völker» sein. Der Friede Gottes wird in sehr starkem Kontrast zu den ganzen Ängsten stehen, die in der Welt herrschen und welche die Herzen der Menschen vergehen lassen werden. Friede wird eines der grössten Zeugnisse dafür sein, dass der Herr mitten unter seinem Volk weilt. Durch seinen bleibenden Frieden werden wir jede Erscheinungsform des Feindes in unserem Leben zerschmettern können. Der Friede an sich ist der Sieg.

Kapitel 11

Die letzte Falle

Es war der Stolz, welcher Satan zu Fall gebracht hat; er ist auch der Grund für beinahe jeden anderen Fall seit dieser Zeit. Wir wissen, dass gilt: «Gott tritt den Stolzen entgegen, den Demütigen aber schenkt er seine Gnade.» (Jakobus 4,6b) In 1. Petrus 5,6–7 lesen wir auch: «Beugt euch also in Demut unter die mächtige Hand Gottes, damit er euch erhöht, wenn die Zeit gekommen ist. Werft alle eure Sorge auf ihn, denn er kümmert sich um euch.» Das heisst also, dass wir uns dadurch demütigen können, dass wir alle unsere Sorgen auf den Herrn werfen. Das liegt daran, dass unsere Sorgen eine Form von Stolz sind; eigentlich bedeuten Sorgen, dass wir denken, das betreffende Problem sei zu gross für Gott, und dass wir uns daher selbst darum kümmern müssten. Wenn wir dagegen wirklich glauben, dass ER Gott ist, werden wir aufhören zu kämpfen, alle unsere Sorgen abwerfen und in dem Frieden leben, der aus der Erkenntnis stammt, dass er alles in der Hand hat.

Es ist kein Zufall, dass «Panik-Attacken» inzwischen weltweit fast wie eine Epidemie um sich gegriffen haben. Angst und Sorge machen sich auf dramatische Weise überall auf der Welt breit; aber bei den wahren Nachfolgern Jesu wird sich der Friede in dem gleichen Mass ausbreiten. Die Sorge, die sich in der Welt ausbreitet, ist eine direkte Folge des Versuchs der Menschen, ohne Gott zu leben und alles selbst in die Hand zu nehmen. Deshalb war auch die erste Versuchung des Menschen gewesen, ihn dazu zu bringen, zu dem werden zu wollen, wozu Gott ihn tatsächlich berufen hatte – aber ohne Gott. Wir können nur dort Frieden finden, wo wir zu ihm zurückkehren.

Je mehr sich die Menschheit von Gott abwendet, desto grösser werden die Auseinandersetzungen und Verwirrung werden, die wiederum zu noch mehr Angst führen werden. In der Folge werden Ungeduld, Egoismus und andere «Werke des Fleisches» immer weiter zunehmen, welche Konflikte verursachen. Wir Christen dürfen aber nicht so leben, wie die Welt lebt. Wir müssen immer mehr an der Erkenntnis der Autorität des Herrn und seiner Kontrolle zunehmen. Wir müssen im Frieden Gottes wachsen.

In der Wahrheit wandeln

Wenn wir «Satan unter unseren Füssen zertreten» wollen, müssen wir verstehen, dass dieses Bild in einer bestimmten Absicht gebraucht wird. Es bedeutet, dass die Macht Satans durch unseren «Wandel» zerbrochen wird. Wenn Sie «wandeln» oder gehen, dann haben Sie dabei ein Ziel vor Augen. Der christliche Glaube ist niemals statisch; er geht immer voran, wächst immer weiter. Deshalb ist der Strom der Lebens auch ein Strom und kein Teich oder See. Ein Strom ist immer in Bewegung und fliesst auf sein Ziel zu.

Wenn wir bei uns zu Hause im Frieden Gottes wandeln oder leben, werden wir letzten Endes den Einfluss des Feindes dort zerschlagen. Wenn wir an unserer Arbeitsstelle im Frieden Gottes leben, wird schon bald die Macht des Feindes dort zerbrechen. Wenn die Christen in einer Stadt im Frieden Gottes leben würden, würden die Gemeinden in dieser Stadt innerhalb kürzester Zeit zur Einheit finden, und der Einfluss des Feindes in dieser Stadt wäre gebrochen. Wenn die Christen in einem Land wirklich anfangen, im Frieden Gottes zu leben, werden sie die Macht des Feindes in diesem Land zerbrechen.

Das Barometer Gottes

Das prophetische Barometer Gottes, das den Zustand der Menschheit anzeigt, ist das Volk Israel. Fast jeder, der Israel einmal besucht hat, berichtet, dass es einer der anstrengendsten Orte der Welt ist. Die Bürger Israels leben unter unaufhörlichem Druck und Angst. Es hat beinahe den Anschein, als wäre die Nation Israel bereit, alles zu tun, nur um endlich Frieden zu haben, vielleicht sogar das kostbare Land aufzugeben, für das sie einen so hohen Preis mit Blut und Leid bezahlt hat. Aber in Wirklichkeit wird keine noch so grosse Veränderung der äusseren Umstände in der Lage sein, Israel den Frieden zu bringen, nach dem es sich sehnt. Nur Gott allein hat das Heilmittel.

Nachdem ich den Herrn über Jahre gefragt hatte, was wir als geistlicher Dienst für Israel tun könnten, sagte er mir, ich sollte «Missionare des Friedens» dorthin entsenden, die dort leben sollten. Ihre erste Berufung sei es, im Frieden und in der Ruhe Gottes zu leben, damit ihre Freude und ihr Friede als Gegensatz zu dem Geist, der zurzeit in dieser Nation herrscht, inmitten von all dem Stress um sie herum wie eine Oase zu erkennen wäre. Wenn die Gläubigen, die dort leben, von ihrer Sorge und Angst befreit sind und anfangen, im Frieden Gottes zu leben, wird dies das grösste Zeugnis für den Friedefürsten sein, das Israel seit dem ersten Jahrhundert erlebt hat. Wenn dieser Friede sichtbar wird, wird der Friede des Herzens sogar noch wünschenswerter erscheinen als der Friede mit den Nationen um sie herum. Es gibt keinen Frieden, der so ist wie der Friede Gottes. Er allein kann zu wahrem Frieden unter diesen Nachbarn führen.

Der Feind hat eine Angriffswelle nach der anderen losgeschickt, die Israel erschüttern sollen; aber der Friede wird den Sieg davontragen. Wahrer Friede ist immer ein Herzenszustand, der Gott vertraut, ganz gleichgültig, wie die Umstände aussehen. Wenn das geschieht, sind wir ganz dicht dran, den Marschbefehl für die grösste Armee Gottes zu erhalten, die jemals auf dieser Erde in Gang gesetzt wurde.

Wenn wir die Zeiten verstehen wollen, müssen wir die Ermahnung des Herrn aus Markus 13,28–29 beachten: «Lernt etwas aus dem Vergleich mit dem Feigenbaum! Sobald seine Zweige saftig werden und Blätter treiben, wisst ihr, dass der Sommer nahe ist. Genauso sollt ihr erkennen, wenn ihr all das geschehen seht, dass das Ende vor der Tür steht.» Weil der Feigenbaum immer ein Bild für Israel ist, besagt diese Ermahnung, dass wir diese Nation als ein Zeichen der Zeit betrachten können. Es ist ein Ausdruck von Weisheit, wenn wir uns mit den Ereignissen in Israel beschäftigen und wenn wir uns danach ausstrecken, ihre Bedeutung zu verstehen.

Als Agabus im ersten Jahrhundert eine Hungersnot prophezeite, welche über den ganzen Erdkreis kommen sollte, war die Reaktion der Christen auf diese Prophetie bemerkenswert: Sie bereiteten sich auf diese Hungersnot vor, indem sie ein Opfer für die Gläubigen in Israel einsammelten. Sie hatten die Verheissung Gottes verstanden, alle diejenigen zu segnen, welche die Nachkommen Abrahams segnen würden. Sie hatten auch verstanden, dass Gott bereits von Anfang an eine Gesetzmässigkeit festgelegt hatte, dass ein Same sich nur nach seiner eigenen Art vermehren konnte. Wenn wir im Natürlichen gesegnet werden wollen, müssen wir den natürlichen Samen Abrahams segnen. Wenn wir geistlichen Segen empfangen wollen, sollten wir den geistlichen Samen Abrahams segnen, das ist die Gemeinde. Wenn wir den natürlichen Samen segnen, der gläubig ist, segnen wir beide zusammen.

Kapitel 12

Der Weg ins Reich Gottes

Mit wem stehen Sie im Moment im Kampf? Welches ist die grösste Quelle für Konflikte in Ihrem Leben? Haben Sie diese Sorge auf den Herrn geworfen? Wenn Sie diesen Schritt des Glaubens gehen, gibt es dem Herrn die Möglichkeit, in genau diese Situation hineinzukommen. Deswegen lesen wir auch in Hebräer 12,14–15: «Strebt voll Eifer nach Frieden mit allen und nach der Heiligung, ohne die keiner den Herrn sehen wird. Seht zu, dass niemand die Gnade Gottes verscherzt, dass keine bittere Wurzel wächst und Schaden stiftet und durch sie alle vergiftet werden.»

Es gibt keinerlei Grund, weshalb ein Christ jemals auf irgendjemanden oder wegen irgendetwas bitter sein sollte. Wenn wir bitter werden, vergiften wir uns selbst; und wir vergiften gleichzeitig alle anderen um uns herum mit unserer Bitterkeit. Wie Dudley Hall einmal gesagt hat: «Bitterkeit ist so, als würden wir Gift trinken und dabei hoffen, dass es jemand anderem schlecht wird.» Wir haben eine viel höhere Berufung. Wir sind zum höchsten Edelmut der Seele berufen, der sich stets in unserer Vergebungsbereitschaft erweist, und zu der höchsten Würde, die ihren Ursprung darin hat, dass wir im Frieden Gottes leben.

Entlarven Sie die Quellen für Konflikt und Kampf in Ihrem Leben, tun Sie Busse über Ihren Unglauben, und vertrauen Sie dem Herrn in allem, was damit zu tun hat. Werfen Sie diese Sorge auf den Herrn. Treffen Sie die Entscheidung, dass Sie – ganz gleichgültig, wie sich eine Situation darstellt – dem Herrn vertrauen werden, dass er damit fertig wird. Er wird es tun, aber für gewöhnlich erst, nachdem er sich um etwas noch viel Wichtigeres gekümmert hat – nämlich um Ihr eigenes Herz.

Der fehlende Friede in unserem Leben ist direkt auf unseren Unglauben zurückzuführen und auf die Tatsache, dass wir dem Herrn nicht vertrauen. Eine grundsätzliche Berufung in unserem Leben ist es, einfach Gott zu vertrauen. Deshalb hat der Herr auch gesagt: «Das ist das Werk Gottes, dass ihr an den glaubt, den er gesandt hat.» (Johannes 6,29b) Wenn wir ihm schlicht und einfach jeden Tag neu vertrauen, wird das sehr viel mehr bewirken als viele der Werke und Projekte, die wir versuchen, für ihn zu tun. Die Gemeinde und das Reich, das Jesus aufbaut, sind in unseren Herzen; und sie werden in unserem täglichen Leben offenbar. Der Herr bewertet die Qualität einer Gemeinde nicht danach, wie gut die Gottesdienste am Sonntagmorgen sind, sondern viel mehr danach, wie gut die einzelnen Gemeindeglieder am Montagmorgen sind.

Der Friede Gottes ist die Kraft, die uns zum Sieg über uns selbst und über die Festungen des Feindes führt. Wir sind berufen, Missionare des Friedens Gottes zu sein. Dieser Friede ist nicht das Ergebnis von besonders friedlichen äusseren Bedingungen, sondern er ist ein tiefes Vertrauen in Gott, das selbst noch inmitten der schwierigsten Bedingungen Bestand hat. Je bedrückender oder je bedrohlicher die Umstände sind, desto mehr wird der Friede Gottes zu einem Erweis des wahren Glaubens an Gott. Dieser Glaube ist es auch, der den Herrn dazu bewegt, zu unseren Gunsten in diesen Situationen einzugreifen. Somit stellt unser Friede einen genauen Gradmesser für den wahren Level unseres Glaubens dar.

Unsere Zuflucht

Wie können wir unser Leben auf dieses unerschütterliche Reich gründen? In Römer 14,17 heisst es: «Denn das Reich Gottes ist nicht Essen und Trinken, es ist Gerechtigkeit, Friede und Freude im Heiligen Geist.» Die Menschen, die Gott nicht kennen, sind ständig auf der Jagd nach Freude und Glück; aber ohne Jesus können wir das niemals erreichen. Wir werden niemals wahren

Frieden erleben, wenn wir unser Leben nicht auf das Fundament der Gerechtigkeit gründen, die einfach darauf beruht, dass unsere Beziehung zu Gott in Ordnung ist.

Wenn wir unser Leben im Gehorsam dem Herrn und seinen Wegen gegenüber führen, wird immer Friede die Folge sein. Dieser Frieden, der dem Wissen entspringt, dass unser Leben mit Gott in Ordnung ist, bringt eine wahre Freude mit sich, die über alles hinausgeht, was wir jemals auf dieser Welt erleben könnten. Das liegt daran, dass der Mensch für die Gemeinschaft mit Gott geschaffen wurde; nichts ausser der vertrauten Beziehung zu ihm kann jemals dieses tiefe Verlangen in unserer Seele stillen.

Weil der Herr uns geschaffen hat und genau weiss, was wir brauchen, besteht die Gerechtigkeit Gottes schlicht und einfach darin, dass wir auf die Weise leben, für die wir geschaffen wurden, und dass wir das tun, was eigentlich ohnehin das Beste für uns ist. Und das Beste für uns ist es, wenn wir mit Gott wandeln, unser Leben in seiner Gegenwart führen, dem König nachfolgen und ihm in allem gehorsam sind. Das bedeutet Gerechtigkeit, und sie führt zu einem Frieden, der niemals erschüttert werden kann, und zu einer Freude, die ewig währt.

Es ist endlich an der Zeit, dass wir uns mit dem Frieden Gottes bewaffnen. Alle, die mit dieser Waffe ausgerüstet sind, werden hinausziehen und in seinem Namen neues Land einnehmen. Der Friede Gottes ist eine uneinnehmbare Zuflucht und Festung. Sie dürfen niemals Ihren Frieden verlieren; dann werden Sie immer im Sieg leben.

In 1. Thessalonicher 5,23 betete Paulus: «Der *Gott des Friedens* heilige euch ganz und gar und bewahre euren Geist, eure Seele und euren Leib unversehrt, damit ihr ohne Tadel seid, wenn Jesus Christus, unser Herr, kommt.» Es ist der «Gott des Friedens», der uns heiligt; denn wenn wir im Frieden Gottes bleiben, bleiben wir im Herrn. Heiligung bedeutet nicht nur den Zustand, dass wir nicht sündigen; es heisst, dass wir im Herrn bleiben. Wenn wir in ihm bleiben, werden wir nicht nur Sünde ablegen, sondern wir werden die wahren Werke Gottes lieben und dafür Glauben haben.

KAPITEL 13

Friede und Prophetie

In Philipper 4,7 lesen wir: «Und der Friede Gottes, der alles Verstehen übersteigt, wird eure Herzen und eure Gedanken in der Gemeinschaft mit Christus Jesus bewahren.» Es ist interessant, dass das griechische Wort, das hier mit «bewahren» übersetzt wird, im Original phroureo heisst. Es stammt von einem zusammengesetzten Wort ab, das ursprünglich bedeutet: «ein vorausschauender Wächter sein, d.h. jemanden als Wächter auf den Posten stellen (Kundschafter am Tor aufstellen); im übertragenen Sinn: umgeben, schützen – wie mit einer Garnison bewachen.»[1] Der Friede Gottes bewahrt nicht nur unsere Herzen und Sinne in Christus, sondern er hilft uns auch, vorauszuschauen und zu wissen, was wir tun müssen, um uns gegen die Angriffe des Feindes zu schützen.

Das ist eine der wichtigsten Lektionen, welche die Gemeinde bereits von allen hätte lernen sollen, die auf Grund der Computerproblematik über den Jahrtausendwechsel in Panik verfallen waren. Alle Prophetien, die ich persönlich über all die Katastrophen gehört habe, die der Jahrtausendwechsel mit sich bringen sollte, verbreiteten stets eine Atmosphäre von Angst und Schrecken. Wie wir aber bereits in Jakobus 3,17–18 lesen:

> *Doch die Weisheit von oben ist erstens heilig, sodann friedlich, freundlich, gehorsam, voll Erbarmen und reich an guten Früchten, sie ist unparteiisch, sie heuchelt nicht.*
> *Wo Frieden herrscht, wird von Gott für die Menschen, die Frieden stiften, die Saat der Gerechtigkeit ausgestreut.*

---

[1] James Strong, *Strong's Hebrew and Greek Dictionaries (Strongs Lexika für Hebräisch und Griechisch)* (Cedar Rapids, Iowa: Parsons Technology, Inc., Electronic Edition STEP Files © 1998), #G5432.

Wenn der Friede Jesu unsere Herzen und Sinne in Jesus Christus bewahren soll, müssen wir lernen, niemals etwas anzunehmen, das nicht mit dem Frieden Gottes verbunden ist. Ich habe inzwischen festgestellt, dass viele Menschen zwar das reine Wort Gottes hören können, das im Frieden gesät wird, aber sich dabei immer noch fürchten. Ehe wir also auf diese Weise geistlich hören können, muss in unseren eigenen Herzen Friede einkehren. Wir müssen es zu einer hohen Priorität in unserem Leben machen, den Frieden Gottes in unseren Herzen, Familien und Gemeinden herrschen zu lassen, wenn wir vor Täuschung bewahrt bleiben wollen.

Die Bibel sagt ganz eindeutig, dass der Welt harte Zeiten bevorstehen, dass aber gleichzeitig die Herrlichkeit des Herrn über seinem Volk aufgehen wird. Wenn wir also Prophetien von Schwierigkeiten hören, dann sollte uns das nicht weiter beunruhigen; sie sollen vielmehr dazu dienen, uns wachzurütteln und vorzubereiten. Das wird natürlich nur dann für uns gelten, wenn wir im Frieden Gottes bleiben, der uns in Gott bleiben lässt.

Der Herr macht sich nicht die geringsten Sorgen, wenn er auf seinem Thron im Himmel sitzt; und keiner, der ihm nachfolgt, wird das tun. Wenn wir in ihm bleiben, kann die ganze Welt um uns herum zusammenstürzen, und wir werden trotzdem noch in vollständigem Frieden leben, weil wir unser Leben auf ein unerschütterliches Reich gegründet haben.

Als Jesus vom Teufel in Versuchung geführt wurde, antwortete er auf jede Versuchung mit dem Wort Gottes. Die Schrift ist stärker als jede Macht, der wir uns jemals gegenübersehen werden. Jetzt ist die Zeit, die Schrift zu erforschen, damit wir fest auf dem stehen, was ewig Bestand haben wird – auf dem Wort Gottes. Sehen Sie sich einmal die folgenden Verheissungen seines Friedens an. Sie sind so gewiss, dass wir uns niemals wieder Sorgen machen müssen. Wenn wir in seinem Frieden bleiben, werden wir jede Gedankenfestung überwinden, die der Teufel aufrichten kann.

Der Herr gebe Kraft seinem Volk. Der Herr segne sein Volk mit Frieden.

Psalm 29,11

Wenn wir im Herrn bleiben, werden wir gleichzeitig auch in seinem Frieden bleiben. Wenn Sorge in unserem Leben überhand nimmt, liegt das allein daran, dass wir uns an irgendeinem Punkt von ihm losgesagt haben. Wenn das geschieht, so liegt es immer an uns, niemals an ihm. Deshalb müssen wir den Heiligen Geist bitten, uns von unserer Sünde zu überführen, über das Busse tun, was uns als der Grund für diese Trennung offenbart wird, und uns entscheiden, sowohl im Frieden als auch im Glauben zu wachsen. Es ist der ausgesprochene Wille des Herrn, uns mit seinem Frieden zu segnen, damit wir darin bleiben. Deshalb lesen wir auch in Psalm 85,9–10:

Ich will hören, was Gott redet: Frieden verkündet der Herr seinem Volk und seinen Frommen, den Menschen mit redlichem Herzen. Sein Heil ist denen nahe, die ihn fürchten. Seine Herrlichkeit wohne in unserm Land.

Unsere Wohnungen sollten mit der Herrlichkeit Gottes erfüllt sein. Wenn sie das nicht sind, dürfen Sie nicht eher ruhen, bis Sie herausgefunden haben, weshalb das so ist. In 1. Petrus 3,10–11 finden wir eine der häufigsten Ursachen, weshalb viele diesen Frieden in ihrem Leben nicht erfahren und weshalb sie nicht in der Herrlichkeit Gottes leben:

Es heisst nämlich: Wer das Leben liebt und gute Tage zu sehen wünscht, der bewahre seine Zunge vor Bösem und seine Lippen vor falscher Rede. Er meide das Böse und tue das Gute; er suche Frieden und jage ihm nach.

Werden durch unsere Worte und Taten Frieden und Einheit gesät? Denken Sie stets daran: Wir alle werden ernten, was wir gesät haben. Eine Hauptursache, warum einige, und wahrscheinlich die meisten, nicht im Frieden Gottes leben oder seine Herrlichkeit in ihrem Leben erfahren, sind die Worte, die aus ihrem eigenen Mund kommen. Aus diesem Grund müssen wir die Worte von König David aus Psalm 34,15 beachten: «Meide das Böse und tu das Gute; suche Frieden und jage ihm nach!» Wie Petrus schrieb: «Weil ihr das erwartet, liebe Brüder, bemüht euch darum, von ihm ohne Makel und Fehler und in Frieden angetroffen zu werden.» (2. Petrus 3,14)

Warum ist er gekommen?

Selbstverständlich wissen wir, dass Jesus in die Welt kam, um die Menschheit von ihren Sünden zu erlösen; aber erst wenn wir in seinem Frieden wandeln, erweist sich unsere Erlösung, wie wir auch in Lukas 1,76–79 lesen:

> *Und du, Kind, wirst Prophet des Höchsten heissen; denn du wirst dem Herrn vorangehen und ihm den Weg bereiten. Du wirst sein Volk mit der Erfahrung des Heils beschenken in der Vergebung der Sünden.*
> *Durch die barmherzige Liebe unseres Gottes wird uns besuchen das aufstrahlende Licht aus der Höhe, um allen zu leuchten, die in Finsternis sitzen und im Schatten des Todes, und unsre Schritte zu lenken auf den Weg des Friedens.*

Er ist gekommen, um «unsre Schritte ... auf den Weg des Friedens» zu lenken. Sind wir bereit, ihm zu folgen? Wenn ja, sollten unser Glaube und Friede immer weiter zunehmen, und wir sollten immer weniger Furcht und Sorgen in unserem Leben verspüren. Deshalb schreibt auch Jesaja, dass seine Herrschaft kein Ende nehmen wird und dass sein Reich immer grösseren Frieden bedeutet:

> *Denn uns ist ein Kind geboren, ein Sohn ist uns geschenkt. Die Herrschaft liegt auf seiner Schulter; man nennt ihn: Wunder-*

barer Ratgeber, Starker Gott, Vater in Ewigkeit, Fürst des Friedens. Seine Herrschaft ist gross und der Friede hat kein Ende ...

Jesaja 9,6–7

Deshalb gilt also, dass stets in dem Masse, in dem das Reich Gottes in uns wächst und zunimmt, wir auch an Frieden zunehmen und wachsen. Bitten lesen Sie einmal die folgenden Verheissungen über den Frieden Gottes sorgfältig durch. Jede einzelne von ihnen ist kostbarer als alle Schätze dieser Welt.

Frieden hinterlasse ich euch, meinen Frieden gebe ich euch; nicht einen Frieden, wie die Welt ihn gibt, gebe ich euch. Euer Herz beunruhige sich nicht und verzage nicht.

Johannes 14,27

Wie willkommen sind auf den Bergen die Schritte des Freudenboten, ***der Frieden ankündigt****, der eine frohe Botschaft bringt und Rettung verheisst, der zu Zion sagt: Dein Gott ist König.*

Jesaja 52,7

So wird auch das Wort sein, das meinen Mund verlässt: Es kehrt nicht leer zu mir zurück, sondern bewirkt, was ich will, und erreicht all das, wozu ich es ausgesandt habe.
Voll Freude werdet ihr fortziehen, im Frieden werdet ihr hinausgeleitet. Berge und Hügel brechen vor euch in Jubel aus, alle Bäume auf dem Feld klatschen in die Hände.

Jesaja 55,11–12 (aus dem Englischen)

Erbittet für Jerusalem Frieden! Wer dich liebt, sei in dir geborgen.
Friede wohne in deinen Mauern, in deinen Häusern Geborgenheit.
Wegen meiner Brüder und Freunde will ich sagen: In dir sei Friede.

Wegen des Hauses des Herrn, unseres Gottes, will ich dir Glück erflehen.

Psalm 122,6–9

Der Herr ist mein Licht und mein Heil: Vor wem sollte ich mich fürchten? Der Herr ist die Kraft meines Lebens: Vor wem sollte mir bangen?
Dringen Frevler auf mich ein, um mich zu verschlingen, meine Bedränger und Feinde, sie müssen straucheln und fallen.
Mag ein Heer mich belagern: Mein Herz wird nicht verzagen.
Mag Krieg gegen mich toben: Ich bleibe dennoch voll Zuversicht.
Nur eines erbitte ich vom Herrn, danach verlangt mich: Im Haus des Herrn zu wohnen alle Tage meines Lebens, die Freundlichkeit des Herrn zu schauen und nachzusinnen in seinem Tempel.
Denn er birgt mich in seinem Haus am Tag des Unheils; er beschirmt mich im Schutz seines Zeltes, er hebt mich auf einen Felsen empor.

Psalm 27,1–5

Den Redlichen erstrahlt im Finstern ein Licht: der Gnädige, Barmherzige und Gerechte. Wohl dem Mann, der gütig und zum Helfen bereit ist, der das Seine ordnet, wie es recht ist.
Niemals gerät er ins Wanken; ewig denkt man an den Gerechten.
Er fürchtet sich nicht vor Verleumdung; sein Herz ist fest, er vertraut auf den Herrn.
Sein Herz ist getrost, er fürchtet sich nie; denn bald wird er herabschauen auf seine Bedränger.
Reichlich gibt er den Armen, sein Heil hat Bestand für immer; er ist mächtig und hoch geehrt.

Psalm 112,4–9

Halte dich nicht selbst für weise, fürchte den Herrn und fliehe das Böse! Das ist heilsam für deine Gesundheit und erfrischt deine Glieder.
Ehre den Herrn mit deinem Vermögen, mit dem Besten von dem, was du erntest. Dann füllen sich deine Scheunen mit Korn, deine Fässer laufen über von Wein.
Mein Sohn, verachte nicht die Zucht des Herrn, widersetz dich nicht, wenn er dich zurechtweist. Wen der Herr liebt, den züchtigt er, wie ein Vater seinen Sohn, den er gern hat.
Wohl dem Mann, der Weisheit gefunden, dem Mann, der Einsicht gewonnen hat. Denn sie zu erwerben ist besser als Silber, sie zu gewinnen ist besser als Gold. Sie übertrifft die Perlen an Wert, keine kostbaren Steine kommen ihr gleich. Langes Leben birgt sie in ihrer Rechten, in ihrer Linken Reichtum und Ehre; ihre Wege sind Wege der Freude, all ihre Pfade führen zum Glück. Wer nach ihr greift, dem ist sie ein Lebensbaum, wer sie festhält, ist glücklich zu preisen. Der Herr hat die Erde mit Weisheit gegründet und mit Einsicht den Himmel befestigt. Durch sein Wissen brechen die tiefen Quellen hervor und träufeln die Wolken den Tau herab.
Mein Sohn, lass beides nicht aus den Augen: Bewahre Umsicht und Besonnenheit! Dann werden sie dir ein Lebensquell, ein Schmuck für deinen Hals; dann gehst du sicher deinen Weg und stösst mit deinem Fuss nicht an. Gehst du zur Ruhe, so schreckt dich nichts auf, legst du dich nieder, erquickt dich dein Schlaf. Du brauchst dich vor jähem Erschrecken nicht zu fürchten noch vor dem Verderben, das über die Frevler kommt. Der Herr wird deine Zuversicht sein, er bewahrt deinen Fuss vor der Schlinge. Versag keine Wohltat dem, der sie braucht, wenn es in deiner Hand liegt, Gutes zu tun.

Sprüche 3,7-27

Teil III

Den Dieb des menschlichen Potenzials besiegen

Kapitel 14

Den Geist der Armut überwinden

Der Geist der Armut stellt eine der stärksten und tödlichsten Gedankenfestungen dar, die Satan einsetzt, um die Welt in Knechtschaft zu halten. Diese Festung ist mit vielen der Ängste eng verwandt, die wir gerade erst behandelt haben; es ist uns eine grosse Hilfe, wenn wir diese Verbindungen in unserem Leben erkennen. Die meisten Festungen des Bösen, die eigentlich aus trügerischen oder irrigen Gedankenmustern bestehen, sind miteinander verbunden und können nur dann wirklich überwunden werden, wenn wir das gesamte Lügengewebe aufdecken. Daher wird es in diesem und den folgenden Kapiteln zu einigen Wiederholungen kommen. Das ist von äusserster Wichtigkeit, weil Wiederholung nicht nur der Einprägung gewisser Lerninhalte dient, sondern auch weil die Wahrheit uns mit jeder Wiederholung ein weiteres Stück des Lügengespinstes erkennen lässt, das der Feind in unserem Leben ausgelegt hat, um uns davon abzuhalten, in der Wahrheit zu leben.

Eine Absicht hinter all den Ängsten, die der Feind unserer Seelen gegen uns sendet, ist es, das Volk Gottes zu unterdrücken und in Armut gebunden zu halten. Jede Gemeinde und jeder Gläubige muss diesen Geist der Armut bekämpfen und überwinden, um in der Bestimmung zu leben, für die er berufen wurde. Diese Festung zählt zu den erfolgreichsten Waffen des Feindes, die er gegen die Gläubigen einsetzt. Das heisst aber auch, dass wir in dem Augenblick, in dem wir sie überwinden, einigen Fortschritt und geistlichen Erfolg erzielen. Gleichzeitig können wir auch die Position geistlicher Autorität erlangen, von der aus wir gebraucht werden können, um einigen der vordringlichsten Nöte dieser Welt abzuhelfen. Überall dort, wo diese Festung eingerissen wird, ist es, als ob die Menschen die Dunkelheit des schrecklichsten geistlichen Winters abschütteln würden und endlich wieder erleben, wie die Welt in einem neuen Frühling erblüht.

Den Geist der Armut klar definieren

Wenn wir an Armut denken, denken wir normalerweise an Geld; doch der Geist der Armut kann mit Geld zu tun haben, muss es aber nicht. *Der Geist der Armut ist eine Gedankenfestung, die einzig und allein aus dem Grund aufgerichtet wurde, um uns davon abzuhalten, in der Fülle des Sieges, der für uns am Kreuz errungen wurde, und in dem Segen unseres Erbes in Christus zu leben.* Das kann sich auf alle Bereiche beziehen, angefangen bei der Qualität unserer Ehen über die Salbung, die wir für unseren Dienst haben, bis hin zu allen anderen Ressourcen, die wir für die Aufgaben benötigen, zu denen wir berufen sind.

Das Ziel dieses Geistes der Armut besteht nicht allein darin, uns bestimmte Dinge vorzuenthalten, sondern er soll uns auch vom Willen Gottes abhalten. Um das zu erreichen, wird uns Satan vielleicht sogar grosse Reichtümer bieten; aber unser Leben wird trotzdem genau so leer und voller Sorge sein, als lebten wir in grösster Armut.

Das Ziel, weshalb wir vom Geist der Armut befreit werden sollen, besteht nicht nur darin, dass wir dann alles haben können, was wir brauchen oder wollen, sondern vielmehr darin, dass wir dann in der Lage sind, den Willen Gottes zu tun, ohne dabei von physischen oder geistlichen Mängeln behindert zu werden. Dieser Geist ist ein Joch, das sich sowohl im geistlichen wie auch im natürlichen Bereich bemerkbar macht. Deshalb wird sich unsere Freiheit ebenfalls sowohl im natürlichen wie auch im geistlichen Bereich erweisen, sobald wir vom Joch des Geistes der Armut befreit sind. Da unser Herr Jesus vollkommen frei vom Einfluss dieses Geistes war, heilte er die Kranken, weckte er die

Toten auf oder vermehrte das Essen, je nachdem, was die Situation gerade erforderlich machte. Er war stets in der Lage, auf die Ressourcen des Himmels zurückzugreifen; und genau das sollte auch unser Ziel sein. Der Apostel Paulus beschreibt in 2. Korinther 9,8 genau diese Art von Leben als das normale Leben eines Christen:

> *In seiner Macht kann Gott alle Gaben über euch ausschütten, sodass euch allezeit in allem alles Nötige ausreichend zur Verfügung steht und ihr noch genug habt, um allen Gutes zu tun.*

Wir müssen als Kinder Gottes in unseren Herzen und Gedanken die feste Überzeugung haben, dass er «alle Gaben über uns ausschütten» will. Das muss das grundlegende Ziel unseres Lebens sein: in der ganzen Gnade Gottes zu leben, die uns durch das Kreuz und auf Grund der gegenwärtigen Position des Herrn im Himmel zur Verfügung steht – einer Position über aller Herrschaft, Autorität, Macht und Gewalt. Wenn wir das empfangen wollen, liegt der Schlüssel für uns in der Erkenntnis, dass wir das alles nur aus Gnade erhalten und dass es nichts ist, was wir auf irgendeine Weise verdienen könnten. Es geschieht allein dadurch, dass wir daran glauben, wer er ist und was er getan hat.

Das Ziel unseres Glaubens sollte es stets sein, so zu leben, dass wir «allezeit in allem alles Nötige ausreichend zur Verfügung» haben. Die zwei Schlüsselbegriffe in diesem Vers sind *allezeit* und *alles*. Als Christen, die im Reich Gottes leben, sollten wir immer das Leben und die Kraft repräsentieren, welche allen Bürgern des Reiches Gottes zu Verfügung stehen. Das bedeutet nicht, dass wir etwa berufen wären, ein Leben zu führen, in dem wir nie Mangel kennen. Aber in Psalm 34,11 lesen wir: "Junge Löwen müssen darben und hungern; wer aber den Herrn sucht, braucht kein Gut zu entbehren."

Die Stelle in 2. Korinther 9,8 sagt uns des Weiteren, dass wir «noch genug [haben sollen], um allen Gutes zu tun». Jesus hat nicht allen Nöten abgeholfen, weil dies für ihn nicht der Wille des Vaters war. Aber es gab keinen Einzigen, dem er nicht hätte helfen können, weil ihm etwa die Mittel dazu gefehlt hätten. Es war wie in der Geschichte, als er das Brot und die Fische vermehrte: Er schöpfte stets aus einer solchen Fülle, dass noch jede Menge übrig blieb. Es ist eigentlich eine Manifestation des Geistes der Armut, wenn wir nur versuchen, gerade so über die Runden zu kommen. Der Herr möchte unser Leben mit Überfluss segnen.

Wenn wir diese Fülle und diesen Überfluss in unserem Leben nicht erfahren, dann ist irgendetwas nicht in Ordnung – wir haben eine Festung des Bösen in unserm Leben, die uns beraubt, und die wird "Geist der Armut" genannt. Einer der Schlüssel, um diesen Geist der Armut zu zerbrechen, findet sich in den beiden Versen, die genau vor der eben genannten Stelle in 2. Korinther 9 stehen:

> *Denkt daran: Wer kärglich sät, wird auch kärglich ernten; wer reichlich sät, wird reichlich ernten. Jeder gebe, wie er es sich in seinem Herzen vorgenommen hat, nicht verdrossen und nicht unter Zwang; denn Gott liebt einen fröhlichen Geber.*
>
> 2. Korinther 9,6–7

Ein Geist ist häufig nur ein anderer Ausdruck für eine innere Haltung. Wir setzen die Freigebigkeit Gottes in unserem Leben dadurch frei, dass wir selbst freigiebig sind. Wenn wir in der Haltung leben, gerade so über die Runden zu kommen, ist das unter Umständen genau der Same, den wir in das Reich Gottes säen – wir tun gerade eben genug, um über die Runden zu kommen –, und diese Haltung steht in direkter Beziehung dazu, wie die Autorität des Reiches Gottes in unserem eigenen Leben freigesetzt werden kann. Der Herr hat uns nicht gerade eben genug gegeben; er gab die Fülle, mehr als wir gebraucht hätten. Das ist die Haltung, die alle beherrscht, die in ihm bleiben, die in und durch seinen Geist leben.

Freiheit

Ein Beweis für die Tatsache, dass wir wirklich vom Joch des Geistes der Armut frei geworden sind, ist unsere finanzielle Unabhängigkeit, über die wir bereits an anderer Stelle gesprochen haben. Das bedeutet, dass wir frei von jedem finanziellen Joch sind, sodass wir Entscheidungen treffen können, die auf den Willen Gottes gegründet sind, und nicht darauf, über wie viel Geld wir verfügen. Es kann der Wille Gottes für uns sein, viel oder wenig zu besitzen. Aber einen Augenblick: Haben wir nicht gerade eben gesagt, dass es der Wille Gottes für uns ist, dass wir die Fülle haben, damit wir genug haben, um allen Gutes zu tun? Ja. Aber bisweilen ist das, was wir für wenig halten, immer noch mehr als genug. Wir können davon ausgehen, dass wir um unseres eigenen Trainings und Glaubenswachstums willen durch Höhen und Tiefen gehen werden.

Wie der Apostel Paulus müssen auch wir zufrieden sein, ob wir im Mangel oder in der Fülle leben, solange es jeweils der Wille Gottes für uns ist. Das ist überhaupt der Schlüssel für alles: *wenn es der Wille Gottes für uns ist*. Wir wollen weder im Mangel noch in der Fülle leben, solange es nicht der Wille Gottes für uns ist. Deshalb ist die Grundbedingung dafür, jede Festung des Bösen in unserem Leben zu entmachten, dass wir den Willen Gottes kennen.

Es ist von grosser Bedeutung, dass die Gemeinde darauf vorbereitet ist, Reichtum von bisher ungekannten Dimensionen zu verwalten. Es gibt eine ganze Reihe von prophetischen Schriftstellen, die darauf hinweisen, dass die Reichtümer und Schätze der Nationen in die Gemeinde gebracht werden; darüber haben wir bereits gesprochen. Das wird aber *keine grosse Chance für den Bau* und die Erweiterung des Reiches Gottes sein; sondern es wird vielmehr *das Ergebnis der Erweiterung* und des Baus des Reiches Gottes sein. Wir müssen uns dabei stets vor Augen halten, dass einige der härtesten Prüfungen am Ende des Zeitalters wirtschaftlicher und finanzieller Natur sein werden.

Wir müssen danach streben, finanziell unabhängig zu sein; aber gleichzeitig müssen wir daran denken, dass es sich dabei immer nur um ein Mittel zum Zweck handelt, nicht um einen Selbstzweck. Wenn wir finanziell unabhängig sind, ohne unsere Bestimmung in Gott zu kennen, ist das so, als würden wir uns schön anziehen und fein machen, ohne anschliessend auszugehen. Die Tatsache, dass wir von dieser Gedankenfestung befreit werden, dient dem Ziel, uns in die Lage zu versetzen, Gottes Willen zu tun. Wenn wir seinen Willen kennen, ist das um ein Vielfaches kostbarer als alle Schätze, die wir jemals erringen könnten. Daher müssen wir uns mit äusserster Wertschätzung danach ausstrecken, seinen Willen zu kennen und ihn zu unserer höchsten Priorität machen. Sobald wir anfangen, mehr nach Reichtum als nach seinem Willen zu trachten, bahnt sich eine schreckliche Tragödie in unserem Leben an.

Der allgemeine Wille Gottes für unser Leben ist in der Schrift ganz eindeutig offenbart. Wir benötigen weder einen geheimen Zugangscode noch einen Engel vom Himmel, der ihn uns erklärt. Wenn viele von uns nur die Zeit mit der Bibel verbringen würden, die sie jetzt noch darauf verschwenden, wertlose Fernsehsendungen zu konsumieren, würde ihr Leben eine dramatische Wendung nehmen, und sie könnten in wesentlich grösserem Wohlstand leben. Wir wollen uns an dieser Stelle etwas Zeit nehmen, um uns die Dinge anzusehen, die im Wort Gottes ganz klar und eindeutig über dieses Thema zu finden sind. Die Wahrheit wird uns frei machen.

Kommen Sie aus dem Gefängnis!

Wie wir bereits an anderer Stelle erwähnt haben, besteht der grundlegende Konflikt zwischen dem Reich Gottes und dem gegenwärtigen Zeitalter darin, dass das Erste ein Ort von Freiheit ist, während das Zweite auf Knechtschaft gegründet ist. Der Herr kam, um die Menschen in die Freiheit zu führen. Satan dagegen tut alles, um das Joch unserer Knechtschaft noch schwerer zu machen. Der Herr tut alles, um uns frei zu machen. Wir nähern uns mit grossen Schritten dem Ende dieses Zeitalters, und der Unterschied zwischen diesen beiden Reichen tritt immer krasser zum Vorschein. Wir müssen uns bei unserem Kampf stets vor Augen halten, dass der eigentliche Konflikt zwischen Knechtschaft und Freiheit ausgetragen wird. Wenn Sie zu Jesus Christus gehören, sind Sie zur Freiheit berufen! Deshalb werden wir auch niemals gezwungen werden, seinen Willen zu tun. Wir müssen uns selbst dafür entscheiden, treu zu sein. Das ist der wahre Beweis für den Glauben, der die Autorität Gottes und seine Versorgung in unserem Leben freisetzt. Deshalb steht auch in der Bibel:

> *Zur Freiheit hat uns Christus befreit. Bleibt daher fest und lasst euch nicht von neuem das Joch der Knechtschaft auflegen!*
>
> Galater 5,1

Der Herr hat uns mit seinem Blut erkauft. Wir gehören dem König der Könige. Er hat uns berufen, Kinder Gottes und seine Miterben zu sein. Wir sind berufen, als Botschafter sein Reich zu vertreten. Wir dürfen unser Leben als Angehörige des höchsten Adels führen, als Mitglieder des höchsten Königshauses, als Gottes eigene Familie. Damit wir so leben können, müssen wir von jedem Joch dieser bösen Zeit frei sein, und wir dürfen einzig und allein sein Joch tragen.

> *Kommt alle zu mir, die ihr euch plagt und schwere Lasten zu tragen habt. Ich werde euch Ruhe verschaffen.*
> *Nehmt mein Joch auf euch und lernt von mir; denn ich bin gütig und von Herzen demütig; so werdet ihr Ruhe finden für eure Seele. Denn mein Joch drückt nicht und meine Last ist leicht.*
>
> Matthäus 11,28–30

Ein Joch steht immer für eine Bindung. Es gibt Joche der Knechtschaft, durch welche die Menschen in Finsternis und Bedrückung gefangen gehalten werden. Diese Joche geben sich für gewöhnlich zunächst als eine Form von Freiheit aus, aber sie legen schreckliche Lasten auf uns. Im Gegensatz dazu erscheint uns das Joch des Herrn zunächst oft wie eine Bindung oder Gefangenschaft; aber es führt uns in die grösste Freiheit, die wir jemals erfahren können.

Irgendein Joch werden wir immer tragen – entweder die Joche dieses gegenwärtigen, bösen Zeitalters oder das Joch des Herrn. Wenn wir das Joch des Herrn tragen wollen, müssen wir jedes andere Joch des Feindes abschütteln. Wir können nicht zwei Herren dienen. Wir werden immer demjenigen dienen, dessen Joch wir tragen, und ihn in dieser Welt vertreten und darstellen. Wir können zwar behaupten, Christen zu sein; aber solange wir unser Leben gemäss den Regeln und Massstäben dieser bösen Zeit führen, dienen wir den Mächten des Bösen. In Jakobus 4,4–8 wird diese Frage sehr direkt angesprochen:

Ihr Ehebrecher, wisst ihr nicht, dass Freundschaft mit der Welt Feindschaft mit Gott ist? Wer also ein Freund der Welt sein will, der wird zum Feind Gottes.
Oder meint ihr, die Schrift sage ohne Grund: Eifersüchtig sehnt er sich nach dem Geist, den er in uns wohnen liess.
Doch er gibt noch grössere Gnade; darum heisst es auch: Gott tritt den Stolzen entgegen, den Demütigen aber schenkt er seine Gnade.
Ordnet euch also Gott unter, leistet dem Teufel Widerstand; dann wird er vor euch fliehen.
Sucht die Nähe Gottes; dann wird er sich euch nähern. Reinigt die Hände, ihr Sünder, läutert euer Herz, ihr Menschen mit zwei Seelen!

Es gibt keinen Kompromiss. Wenn wir unter dem Joch der Welt leben, dienen wir der Welt. Wenn wir unter dem Joch Gottes leben, werden wir ihm allein dienen. Mit jedem Schritt, den wir auf das Ende dieses Zeitalters zugehen, werden die Unterschiede deutlicher hervortreten und wird der Kampf zwischen den beiden Reichen erbitterter. All das geschieht, damit wir frei werden können! Alle diese Ereignisse werden dazu beitragen, dass der Herr eine Braut vorfindet, die sich für ihn bereit gemacht hat und ohne Flecken und Runzeln ist.

Wir bereiten uns am besten dadurch auf unsere Bestimmung vor, das Reich Gottes zu vertreten, indem wir in unserem Leben stets an erster Stelle nach dem Reich Gottes trachten, selbst im Reich Gottes leben und somit das Reich Gottes vertreten - was einfach bedeutet, den König zu vertreten und ihn der Welt vor Augen zu stellen. Wenn wir darin treu sind, müssen wir keine der Schwierigkeiten fürchten, die noch über die Erde kommen werden. Das Reich Gottes ist ein unerschütterliches Reich; und wenn wir unser Leben darauf gegründet haben, werden auch wir nicht erschüttert werden. Jede Schwierigkeit, die wir jetzt gerade durchmachen müssen, dient einzig und allein dazu, unser Leben immer mehr auf das Reich Gottes zu gründen.

Denn jetzt ist die Zeit, in der das Gericht beim Haus Gottes beginnt.

1. Petrus 4,17a

Wenn wir das Wort Gericht hören, setzen wir es häufig mit der Zerstörung gleich, die vom endgültigen Zorn Gottes ausgelöst wird. Wenn wir aber die Schrift in ihrer ursprünglichen Sprache lesen würden, kämen wir zu einer anderen Schlussfolgerung. Das griechische Wort, das an dieser Stelle mit «Gericht; übersetzt wurde, lautet *krisis*, von dem auch unser Wort Krise hergeleitet ist. Eine Krise kann folgendermassen definiert werden: «Der Zeitpunkt einer Krankheit oder eines traumatischen Ereignisses, an dem sich entscheidet, ob ein Patient überlebt oder stirbt.» Dementsprechend könnte man diese Bibelstelle also auch so übersetzen: «Jetzt ist die Zeit, in der eine Krise im Haus Gottes beginnt.» Das heisst also, dass die Gemeinde noch vor der Welt eine Krise durchmachen wird. Gott lässt das zu, damit wir dann, wenn die Welt durch eine Krise geht, selbst auf festem Boden stehen. Deshalb schrieb Jakobus auch:

> *Seid voll Freude, meine Brüder, wenn ihr in mancherlei Versuchungen geratet.*
> *Ihr wisst, dass die Prüfung eures Glaubens Ausdauer bewirkt.*
> *Die Ausdauer aber soll zu einem vollendeten Werk führen; denn so werdet ihr vollendet und untadelig sein, es wird euch nichts mehr fehlen.*
>
> Jakobus 1,2–4

Hier können wir also erkennen, dass Prüfungen Geduld und Ausdauer hervorbringen, die uns zur Vollkommenheit bringen, damit es uns an nichts mehr fehlt. Das ist wahrer biblischer Wohlstand. Das ist auch die Fülle, zu der wir berufen sind.

> *Dem Herrn gehört die Erde und was sie erfüllt, der Erdkreis und seine Bewohner.*
>
> Psalm 24,1

Auch wenn die Welt im Augenblick noch auf Grund des Sündenfalls in Knechtschaft gefangen liegt, wird der Herr sie zurückerobern. Wir sind als ein Teil seiner Invasionsstreitmacht berufen. Aber wir können in diesem grossen Kampf nur auf einer Seite stehen. Wir müssen uns jetzt von jedem Joch des Feindes befreien, das uns in irgendeiner Weise zu Kompromissen und zum Abweichen von den Wegen des Reiches Gottes verleiten will. Die Prüfungen, durch die wir jetzt gehen, sollen alle dazu beitragen, dass wir genau das tun.

Wir stehen jetzt auf dem Prüfstand, um unseren Platz in seiner Invasionstruppe zugewiesen zu bekommen. Dadurch wird auch festgelegt, wie viel seiner Autorität uns anvertraut werden kann. Seine Autorität in dieser Streitmacht wird letzten Endes auch die Verwaltung von grossem Reichtum mit sich bringen. Wenn wir noch Habgier in unserem Herzen haben, wird dieser Reichtum nur zu einem Stein des Anstosses für uns werden.

Denken Sie stets daran, dass wir als seine Verwalter, als seine Knechte berufen sind. Unsere Treue im Umgang mit dem, was uns jetzt anvertraut ist, bestimmt darüber, ob er uns später mehr anvertrauen kann.

Wenn wir zusammen mit dem König der Könige auf seinem Thron sitzen, welchen Anreiz könnte irgendeine irdische Position noch für uns haben? Um es an dieser Stelle noch einmal zu wiederholen: Das bedeutet nicht, dass wir an unserer Arbeitsstelle oder in unserem Dienst hier auf der Erde nicht hingegeben und treu sein sollten. Wir kümmern uns sorgfältig darum, weil er sie uns anvertraut hat und weil unsere Arbeit als ein Akt der Anbetung ihm gegenüber gilt. Aber wenn uns unsere Positionen hier auf der Erde genommen werden, besitzen wir in ihm immer noch eine Position auf seinem Thron; und wir werden ihn anbeten, ganz gleich welchen Weg er uns als Nächstes führen wird. Wir sind seine Sklaven, und wir müssen mit jeder Aufgabe zufrieden sein, die er uns gibt. Der eigentliche Glaube offenbart sich durch ein Vertrauen, das bis zum Schluss durchhält.

Wenn Jesus wirklich unser Leben, unser Vertrauen und unser grösstes Verlangen ist, kann er uns irdischen Besitz und Positionen anvertrauen, über die wir herrschen sollen. Aber wenn er nicht unser Leben, unser Vertrauen und unser grösstes Verlangen ist, werden ganz unvermeidlich letzten Endes unser Besitz und unsere Positionen uns beherrschen. Was oder wer uns beherrscht, ist auch unser Herr. Wir kommen in eine Zeit, in der die Herrschaft Jesu mehr als eine theologische Lehre sein muss – sie muss eine tiefgründige und beständige Realität in unserem Leben sein. Dann sind wir wirklich frei. Sobald wir ganz und ausschliesslich unter seinem Joch leben und alle anderen Joche dieser bösen Zeit abgeschüttelt haben, ist auch er frei, uns die unbegrenzten Ressourcen seines Reiches anzuvertrauen.

Eine Vision

Hat es hier vielleicht den Anschein, als würde ich stets das Gleiche wiederholen oder vielleicht nur den Ausdruck etwas verändern? Genau das ist meine Absicht. Einmal sah ich in einer Vision einen Berg, den wir berufen waren zu ersteigen; gleichzeitig sah ich auch die Herrlichkeit, die uns am Gipfel erwartete. Ungezählte Menschenmengen befanden sich auf dem Weg nach oben, aber nur wenige kamen tatsächlich am Gipfel an. Weshalb?

Der Hauptgrund, weshalb so viele vom Berg abstürzten, bestand darin, dass sie versuchten, zu schnell voranzukommen, und dass sie deshalb ihre Haken nicht tief genug in den Felsen trieben, um sich so am Berg anzuseilen und sich vor den kleinen Ausrutschern zu schützen, die beim Bergsteigen immer wieder vorkommen. Weil die Mannschaften beim Klettern aneinander geseilt waren, sind auch immer alle Angehörigen der Mannschaft, die so miteinander verbunden waren, mitabgestürzt, wenn einer der Kletterer abrutschte und fiel.

Die Zerstörung und der vernichtende Anblick am Fusse des Berges, die aufgehäuften Toten und Verletzten, schreckten andere davon ab, die Besteigung des Berges überhaupt zu wagen, obwohl sie das vielleicht vorgehabt hatten. Viele haben versucht, den Berg zu besteigen, aber sind völlig unnötigerweise abgestürzt. Wenn unser Glaube nicht mit Geduld verbunden ist, werden wir dadurch beständig unnötigen Gefahren ausgesetzt sein. Es ist richtig, diesen Berg zu besteigen, aber wir müssen die nötige Geduld aufbringen, um jeden Vorstoss ausreichend zu sichern. Wir müssen unsere Haken tief genug in den Felsen hineintreiben, damit sicher gestellt ist, dass sie uns und alle anderen, die mit uns verbunden sind, auch halten können, wenn wir abrutschen. Alle, die meinen, es sei kein Glaube, sich über das Abrutschen Gedanken zu machen, leben in Anmassung, nicht im Glauben. Wie auch Jakobus schrieb: «Denn wir alle verfehlen uns in vielen Dingen.» (Jakobus 3,2a) Das ist auch die Botschaft aus Hebräer 6,11–12:

Wir wünschen aber, dass jeder von euch im Blick auf den Reichtum unserer Hoffnung bis zum Ende den gleichen Eifer zeigt,
damit ihr nicht müde werdet, sondern Nachahmer derer seid, die aufgrund ihres Glaubens und ihrer Ausdauer Erben der Verheissungen sind.

Es besteht ein himmelweiter Unterschied zwischen der Tatsache, ob wir müde, faul oder sorgfältig sind. Wie wir an dieser Stelle lesen, benötigen wir Glauben und Ausdauer oder Geduld, um Erben der Verheissungen zu sein. Haben Sie sich schon jemals gefragt, weshalb wir diese riesige «Glaubensbewegung» haben, aber auf der anderen Seite noch nie etwas von einer «Geduldsbewegung» gehört haben? Wir werden beides brauchen. Geduld oder Ausdauer kann einer der besten Beweise für echten Glauben sein. Wenn wir unseren Glauben nicht mit Geduld kombinieren, wird unser Glaube zur reinen Anmassung oder Überheblichkeit werden.

Deswegen versuche ich in diesem Buch, bestimmte Themen immer wieder anzusprechen. Wenn wir es zulassen, dass die Wahrheit des Wortes Gottes in unser Leben tief hineingetrieben wird, werden diese Wahrheiten das Gewicht unseres Lebens aushalten und tragen können und uns dadurch in die Lage versetzen, gesichert immer höher zu klettern. Manche dieser Wahrheiten müssen immer und immer wieder in unserem Leben eingeschlagen werden, damit unser Glaube so tief wie möglich in den Felsen hineingetrieben wird.

Wir müssen in unserem Herzen den festen Entschluss fassen, diesen Berg zu besteigen und bis oben auf den Gipfel zu klettern. Wir müssen unsere Augen darauf gerichtet halten, in allem zu leben, wozu Gott uns berufen hat – und dazu gehören auch alle Kraft und Versorgung. Gleichzeitig benötigen wir aber auch die Weisheit zu wissen, dass es umso gefährlicher ist, je höher wir kommen, wenn wir nicht fest an den Felsen angeseilt sind. Wiederholung mag bisweilen etwas langweilig erscheinen, aber die Folgen, wenn wir es nicht tun, werden noch viel schlimmer sein. Es muss unser Ziel sein, zusammen mit allen, mit denen wir verbunden sind, sicher am Gipfel anzukommen.

Kapitel 15

Den Reichtum der Nationen empfangen

Ein Gesetz in der Physik besagt, dass Energie niemals verloren geht, sondern nur ihre Erscheinungsform verändert. Das Gleiche gilt auch für wahren Reichtum. Er kann nie zerstört werden oder verloren gehen; aber er wechselt häufig den Besitzer. Selbst in der Zeit der Weltwirtschaftskrise wurde Reichtum nicht zerstört; er ging vielmehr an die über, die in der geeigneten Position waren, die Umstände für sich auszunutzen. Keiner, der sich in einer solchen Position befand, geriet in Schulden; und sie hatten reichlich Bargeld zur Verfügung. Geschäfte konnten für 10% ihres wahren Wertes aufgekauft werden. An manchen Orten wurde ein Morgen Land für weniger als einen Dollar verkauft. Der Reichtum wurde denen genommen, die über ihr Einkommen hinaus gelebt und sich in Schulden gestürzt hatten; und er ging an die über, welche die Weisheit besassen, innerhalb ihrer Möglichkeiten zu leben.

Vielleicht wird dies bald sein, aber vielleicht wird es auch aus Gnade noch weiter hinausgezögert: Auf jeden Fall wird die Welt ein noch grösseres wirtschaftliches Desaster erleben als die Weltwirtschaftskrise. Alle, die darauf nicht vorbereitet sind, werden davon vernichtet werden. Wer darauf vorbereitet ist, wird Reichtum in noch nie gekanntem Mass erleben. Sie werden die Zeiten zu nutzen wissen und Autorität über unerhörte Reichtümer empfangen. Gott bereitet uns genau darauf durch die Probleme vor, durch die er uns jetzt gerade gehen lässt. In Matthäus 7,24–27 lesen wir, wie wir uns vorbereiten können:

Wer diese meine Worte hört und danach handelt, ist wie ein kluger Mann, der sein Haus auf Fels baute.
Als nun ein Wolkenbruch kam und die Wassermassen heranfluteten, als die Stürme tobten und an dem Haus rüttelten, da stürzte es nicht ein; denn es war auf Fels gebaut.
Wer aber meine Worte hört und nicht danach handelt, ist wie ein unvernünftiger Mann, der sein Haus auf Sand baute.
Als nun ein Wolkenbruch kam und die Wassermassen heranfluteten, als die Stürme tobten und an dem Haus rüttelten, da stürzte es ein und wurde völlig zerstört.

Wir bereiten uns vor, indem wir weise genug sind, uns danach auszustrecken, auf die Worte des Herrn zu hören und ihnen zu gehorchen. Auch König David gab uns eine sehr weise Ermahnung, die sich auf dieses Thema bezieht:

Darum soll jeder Fromme in der Not zu dir beten; fluten hohe Wasser heran, ihn werden sie nicht erreichen.

Psalm 32,6

Jetzt ist die Zeit, in der wir den Herrn suchen und unser Leben fest auf den Felsen gründen müssen, sein Wort zu hören und zu tun. Wenn die Flut erst einmal kommt, ist es zu spät. Deshalb lässt der Herr es auch zu, dass das Gericht, die Krise, zuerst bei seinem Volk beginnt, ehe es über die ganze Welt kommt. Wir müssen jetzt durch Schwierigkeiten und Prüfungen gehen, die uns auf eine höhere Ebene treiben sollen. Auch wenn wir in allen Dingen treu sind, lässt der Herr es bisweilen trotzdem zu, dass wir durch Schwierigkeiten gehen, wie er es auch mit Joseph tat, damit er uns noch mehr seiner Fülle anvertrauen kann.

Wie Joseph werden auch wir darauf vorbereitet, mit der Fülle angemessen umgehen zu können, die wir empfangen, damit wir anschliessend in der Zeit der Hungersnot, die uns noch bevorsteht, Leben retten können. Der Herr möchte, dass sein Volk darauf vorbereitet ist, die kommenden Umstände zu Gunsten seines Evangeliums zu gebrauchen, nicht nur für unsere persönliche

Bereicherung. Eine grundlegende Sünde, die uns immer in der Gebundenheit unter den Geist der Armut festhalten wird, ist Selbstsucht. Wenn es an den Punkt kommt, an dem der Herr uns grössere Ressourcen anvertrauen möchte, ist unsere Motivation von grösster Bedeutung.

Der Herr ist gerade in diesem Augenblick dabei, sein Volk auf das vorzubereiten, was uns unmittelbar bevorsteht. Seit mehr als 30 Jahren mahnt er seine Gemeinde, endlich aus Schulden herauszukommen. Er hat uns wirklich mehr als genug Zeit dazu gelassen. Weil aber die erwarteten katastrophalen wirtschaftlichen Probleme sich verzögerten, haben viele die Warnung nicht weiter ernst genommen. Noch ist die Zeit, Busse zu tun und umzukehren, unsere Häuser in Ordnung zu bringen; aber wir dürfen es nicht mehr länger hinauszögern. Wer gehorsam ist, wird bei allem, was kommt, nichts zu fürchten haben; er kann sich vielmehr auf göttlichen Wohlstand inmitten der Hungersnot freuen. Alle, die weiter in ihrem Ungehorsam verharren, werden eines Tages einen schrecklichen Preis dafür bezahlen. Aber der Herr hat einen viel besseren Plan für Sie.

Wie Sie aus dem Gefängnis kommen können

Wir wurden mit dem höchsten Preis freigekauft, der jemals hätte bezahlt werden können – mit dem Blut des Lammes. Weil nun «der Schuldner ... seines Gläubigers Knecht» (Sprüche 22,7) ist, machen wir uns selbst zu Knechten eines anderen, wenn wir uns in Schulden stürzen. Wenn wir aber Christus gehören, gehören wir uns nicht mehr selbst, sodass wir uns verkaufen könnten. Wenn wir Schulden machen, verkaufen wir eigentlich etwas, das Gott gehört.

Bedeutet das, dass wir unter gar keinen Umständen jemals Schulden machen dürfen? Prinzipiell ja. Wir müssen aber gleichzeitig verstehen, dass wir nicht unter dem Gesetz leben und dass es einen Unterschied zwischen Prinzipien und Gesetzen gibt. Gesetze dürfen nicht gebrochen werden, aber bei jedem Prinzip gibt es Ausnahmen. Das bedeutet aber wiederum nicht, dass wir uns jederzeit über alle Prinzipien hinwegsetzen können, wie es uns gefällt. Es bedeutet, dass wir ein klares Wort vom Herrn brauchen, um das zu tun.

So kenne ich zum Beispiel Menschen, die vor mehr als 20 Jahren den Eindruck hatten, sie sollten keine Schulden machen, um sich ein eigenes Haus zu kaufen. Die Raten zur Abzahlung der Hypothek wären ähnlich hoch gewesen wie die Miete, und das Haus hatte eine günstige Marktlage. Damals hatte ich den Eindruck, dass unter diesen Umständen Schulden für sie zulässig wären, aber sie stimmten mir nicht zu. Diese Menschen leben auch heute noch zur Miete in diesem Haus, und die Miete, die sie heute bezahlen, ist etwa viermal so hoch wie die Raten zu dem Zeitpunkt gewesen wären, als sie das Haus hätten kaufen können. Inzwischen hätte ihnen das Haus ganz gehören können und der Wert ihres Besitzes hätte sich vervierfacht, statt die Höhe ihrer Mietzahlungen.

Das bedeutet aber nicht unbedingt, dass sie das Haus hätten kaufen sollen, vor allem nicht, wenn ihr Gewissen es ihnen nicht erlaubt. Viele halten die Stelle in Römer 13,8a: «Bleibt niemand etwas schuldig; nur die Liebe schuldet ihr einander immer;» für einen besonders gewichtigen Befehl, an dem wir keine Abstriche machen dürfen. Wenn das aber wirklich ein so zentrales Gesetz ist, weshalb tadelte der Herr den törichten Knecht in dem Gleichnis der anvertrauten Talente, dass er nicht wenigstens das Geld gegen Zinsen ausgeliehen hatte? Würde der Herr uns ermutigen, Geld gegen Zinsen zu verleihen, wenn es auf jeden Fall Sünde wäre, Geld zu leihen?

Unter dem Alten Bund war den Israeliten befohlen worden, kein Geld gegen Zinsen an ihre Brüder zu verleihen; aber das hatte nichts damit zu tun, dass sie nicht anderen Geld gegen Zinsen hätten leihen können. Aus diesem Grund hat das jüdische Volk auch einige der hervorragendsten Bankiers der Geschichte hervorgebracht. Trotz allem ist es prinzipiell (nicht als Gesetz) besser, unter keinen Umständen Schulden zu machen, wenn wir keine eindeutige Anweisung vom Herrn erhalten. Wir müssen aus unseren Schulden herauskommen und schuldenfrei bleiben, wenn wir nicht die klare Erlaubnis vom Herrn erhalten, übergangsweise anders zu handeln.

Klettern Sie mit Geduld!

Wenn wir den Berg Gottes mit Geduld besteigen wollen, müssen wir unsere Geduld auch darin erweisen, den Schuldenberg zu bezwingen, vor dem einige von uns zurzeit noch stehen. Wir werden uns später noch mit einigen praktischen Fragen befassen, die uns dabei helfen können; aber es ist wichtig, dass wir uns dabei realistische Ziele setzen. Für gewöhnlich hat es Jahre gebraucht, in denen wir uns in die missliche Lage manövriert haben, in der wir gerade stecken. Deshalb wird der Herr uns auch nicht im Handumdrehen herausholen, weil er möchte, dass wir wirklich verstehen, welche falschen Wege in unserem Leben dazu geführt haben, dass die Dinge bei uns derart schief gegangen sind.

Aus diesem Grund kann es hilfreich sein, sich im Gebet das Ziel zu setzen, die Schulden im ersten Jahr um fünf Prozent zu reduzieren, im zweiten um zehn Prozent und jeweils um fünf Prozent mehr in jedem folgenden Jahr. Dieser Prozess des Schuldenabbaus wird eine derartige Eigendynamik entwickeln, dass Sie mit Sicherheit Ihre Ziele schneller als geplant erreichen werden.

Wenn Sie zur Zeit Ihr Einkommen bis auf den letzten Cent ausschöpfen, sollten Sie es sich gleichzeitig zum Ziel machen, Ihre Ausgaben zu reduzieren. Sie können es sich als mittelfristiges Ziel setzten, in fünf Jahren nur noch 50% Ihres Einkommens für Ihren Unterhalt zu benötigen. Aber in der Zwischenzeit können Sie sich Teilziele stecken, wie Sie Ihre Ausgaben nach und nach reduzieren können, im ersten Jahr nur wenig und in jedem folgenden Jahr um immer mehr.

Diese Disziplin wird sowohl Glaube als auch Geduld erfordern. Aber ich habe noch niemanden getroffen, der sowohl treu wie auch geduldig war und der nicht von dieser fürchterlichen Kette, die unsere Schulden sein können, frei geworden wäre. Das Grösste, was wir auf diese Weise loswerden, ist unsere eigene Habgier, Lust und Verantwortungslosigkeit, die wir in unserem Leben zugelassen haben und die uns in diese Knechtschaft geführt haben. Lassen Sie uns einmal mehr den festen Entschluss fassen, der Schriftstelle aus Galater 5,1 zu gehorchen, die sagt:

> *Zur Freiheit hat uns Christus befreit. Bleibt daher fest und lasst euch nicht von neuem das Joch der Knechtschaft auflegen!*

Kapitel 16

Christliche Wirtschaftslehre: Haushalterschaft

Es würde uns nicht viel nützen, eine Festung des Bösen einzureissen, wenn wir dem Feind sofort erlauben würden, zurückzukehren und sie erneut aufzubauen. Das wäre für uns sogar noch schlimmer, weil uns der Herr selbst gewarnt hat, dass der Feind zwar eine Zeit lang an öden Orten umherirrt, wenn er von einer Stelle vertrieben wurde, dass er aber immer versuchen wird, in sein früheres «Haus» zurückzukehren. Wenn es ihm gelingt, sich erneut Zutritt zu verschaffen, wird er noch sieben andere Geister mitbringen, die noch böser sind als er selbst. Daher muss es unser Ziel sein, anstelle jeder Festung des Bösen, die wir einreissen, eine Festung der Wahrheit aufzurichten, damit wir dem Feind keine Gelegenheit zur Rückkehr geben.

Die Grundlage der christlichen Wirtschaftslehre besteht in der Kunst, gute Haushalterschaft im Gehorsam gegenüber den einfachen biblischen Prinzipien zu leben, die der Herr uns an die Hand gegeben hat. Wir werden etwas mehr Zeit auf dieses Thema verwenden, als Sie es vielleicht in einem Buch über geistliche Festungen erwartet hätten; das liegt daran, dass es sich hierbei um eine der wichtigsten Festungen handelt, der wir uns entgegenstellen und die wir als Christen überwinden müssen, ganz besonders jetzt gegen Ende des Zeitalters. Ein beträchtlicher Teil der Schrift beschäftigt sich mit dem Thema Haushalterschaft, was seine Bedeutung nur noch mehr hervorhebt.

Wie der Herr uns bereits in dem Gleichnis von den zehn Talenten eindeutig erklärt hat (vgl. Matthäus 25,14–30), müssen wir danach trachten, alles möglichst Gewinn bringend einzusetzen, was der Herr uns anvertraut hat. In Lukas 16,9–13 finden wir eine weitere, ähnliche Ermahnung des Herrn:

> *Ich sage euch: Macht euch Freunde mit Hilfe des ungerechten Mammons, damit ihr in die ewigen Wohnungen aufgenommen werdet, wenn es mit euch zu Ende geht.*
> *Wer in den kleinsten Dingen zuverlässig ist, der ist es auch in den grossen, und wer bei den kleinsten Dingen Unrecht tut, der tut es auch bei den grossen.*
> *Wenn ihr im Umgang mit dem ungerechten Reichtum nicht zuverlässig gewesen seid, wer wird euch dann das wahre Gut anvertrauen?*
> *Und wenn ihr im Umgang mit dem fremden Gut nicht zuverlässig gewesen seid, wer wird euch dann euer wahres Eigentum geben?*
> *Kein Sklave kann zwei Herren dienen; er wird entweder den einen hassen und den andern lieben, oder er wird zu dem einen halten und den andern verachten. Ihr könnt nicht beiden dienen, Gott und dem Mammon.*

Die Aussage, dass wir nicht «Gott und dem Mammon» dienen können, besagt, dass wir unsere Motive nicht mischen können: das heisst, wir dürfen unseren Wunsch, Gott zu dienen, nicht mit dem Wunsch vermischen, Geld zu verdienen. Im Verlauf der Geschichte finden wir immer wieder reichhaltige Beispiele, dass die Liebe zum Geld sehr schnell einen ganzen Dienst verderben kann. Gleichzeitig dürfen wir aber auch nicht den ersten Teil der Ermahnung des Herrn in diesem Text vergessen, nämlich dass wir uns «Freunde mit Hilfe des ungerechten Mammons» machen sollen. Er befiehlt uns nicht, Freunde des Mammon zu werden, sondern den Mammon zu gebrauchen, um uns Freunde zu machen.

Das Zeichen des Tieres

Wir haben an anderer Stelle bereits darüber gesprochen, dass das «Zeichen des Tieres» ein wirtschaftliches Zeichen sein wird. Wir haben auch darauf hingewiesen, dass die Sünde nicht darin besteht, das Zeichen anzunehmen, sondern das Tier anzubeten. Das Zeichen ist lediglich der Beweis dafür, dass wir es getan haben. Es gibt Menschen, die der Meinung sind, Schulden könnten das Zeichen des Tieres sein. Ich bin nicht überzeugt davon, aber ich kann mir vorstellen, dass Schulden der Einstieg sein können und wir so anfangen, das Tier anzubeten.

In einem vorhergehenden Kapitel sind wir auch näher darauf eingegangen, dass Schulden wahrscheinlich der Hauptgrund sind, weshalb Christen heute nicht frei sind, auf den Ruf Gottes in ihrem Leben zu reagieren. Wir müssen uns daher die Frage stellen: «Werden wir von unserer finanziellen Situation beherrscht, oder haben wir die vollständige Autorität darüber?» Das ist ein guter Hinweis darauf, wie sehr wir unser Leben auf der Grundlage dieser Zeit aufgebaut haben, anstatt darauf, das Wort des Herrn zu hören und zu tun.

Ganz gleichgültig, wie schlimm Ihre Situation ist, Sie müssen sich stets vor Augen halten, dass der Glaube Berge versetzt, sogar Schuldenberge. Aber das Wort, das im Neuen Testament oft mit «Glaube» übersetzt wird, könnte man genauso gut mit «Treue» wiedergeben. Beides sagt im Grunde genommen das Gleiche aus. Unsere Situation mag sich verändern; aber sie muss sich stets im Gehorsam gegen den Herrn und sein Wort verändern. Wir müssen uns auch daran erinnern, dass Glaube und Geduld immer zusammengehören; manche Berge werden Schaufel um Schaufel versetzt!

In alledem wird der Herr jedem einen Ausweg zeigen, der ihm gehorsam ist. Ganz gleichgültig, wie ungehorsam oder töricht wir gewesen sind oder wie schrecklich sich unsere Situation im Moment darstellt: Wenn wir Busse tun, wird der Herr uns befreien. Unser Gott ist wirklich allmächtig. Wenn er eingreift, gibt es für sein Handeln keine Grenzen. Wenn sein Volk in der

Falle sitzt und von den feindlichen Heerscharen umzingelt ist, dann ist es die grösste Freude für den Herrn, seine mächtigen Wunder zu erweisen.

Wenn wir den Herrn im Glauben, der gleichzeitig Treue bedeutet, anrufen, wird er sogar ein Meer für uns teilen, um uns zu befreien, wenn das nötig sein sollte. Aber echter Glaube beginnt immer mit echter Busse über alles, was wir falsch gemacht haben. Denken Sie daran: Busse heisst nicht nur, dass es uns Leid tut, sondern wir wenden uns von unseren bösen Wegen ab. Der Herr will uns nicht befreien, nur um dann tatenlos zuzusehen, wie wir wieder in genau die gleichen Ketten zurückrutschen, weil wir unser Leben nicht geändert haben. Daher ist echte Busse immer der Beweis für echten Glauben, der den Herrn zum Handeln veranlasst.

Ein sicherer Weg in die finanzielle Freiheit

Es gibt eine klare, biblische Vorgehensweise, wie wir aus unseren Schulden herauskommen, schuldenfrei bleiben und wie wir unsere finanzielle Unabhängigkeit gewinnen. Aber bevor wir uns dem zuwenden, sollten wir noch kurz einen weiteren, verwandten Punkt ansprechen. Die Gemeinde ist immer noch in vielen Bereichen verletzt, in denen Satan beabsichtigte, sie zu lähmen. Genau das sind die Bereiche, in denen sie Kraft für das benötigt, was noch auf uns zukommt; deshalb muss sie jetzt in eben diesen Bereichen geheilt werden.

Erinnern Sie sich daran, die Formel für finanzielle Unabhängigkeit lautet: *Busse + Gehorsam = Freiheit.* In dem folgenden Abschnitt geht es um die Busse, welche die meisten von uns noch tun müssen, ehe wir überhaupt verstehen können, welchen Anweisungen wir gehorsam sein sollen.

Wir sind durch die Wunden Jesu geheilt. Genau an dem Ort, an dem er verletzt und verwundet wurde, hat er seine Heilungskraft gewonnen. Das Gleiche gilt auch für uns. Genau an dem

Ort, an dem es dem Feind gelingt, uns zu verletzen, werden wir die Autorität erhalten, anderen Heilung zu bringen, sobald wir in diesen Bereichen selbst geheilt werden. So hat ein Mensch, der selbst ein Opfer von Missbrauch war, eine besondere Salbung und Sensibilität für Menschen, die missbraucht wurden; seine Barmherzigkeit den Missbrauchten gegenüber kann die Heilungskraft Gottes freisetzen.

Wahre geistliche Autorität ist immer auf Barmherzigkeit gegründet. Als der Herr sah, dass die Menschenmengen wie Schafe ohne Hirten waren, wurde er selbst zu ihrem Hirten. Barmherzigkeit setzt die Kraft Gottes frei. Jede Wunde oder Verletzung, die wir in unserem Leben erlitten haben, dient dazu, uns gegenüber allen Menschen sensibel und barmherzig zu machen, die Ähnliches durchmachen, damit Gott seine Heilungskraft durch uns fliessen lassen kann.

Fast alle Bewohner dieses Planeten sind zu irgendeinem Zeitpunkt unter dem finanziellen Joch dieser Welt gefangen gewesen und/oder sind durch alle möglichen Arten von Diebstahl und Betrug finanziell verletzt worden. Der Herr wird seine Gemeinde gebrauchen, um die finanzielle Macht des Feindes über diesen zahllosen Menschen zu zerbrechen und sie zu befreien. Er hat es zugelassen, dass der Feind die Gemeinde in diesem Bereich verletzt, damit sie Sensibilität und Barmherzigkeit gewinnt, um so zur Befreiung anderer beizutragen.

Aber auch hier gilt, dass unsere eigenen Wunden und Verletzungen erst geheilt werden müssen, ehe wir dazu gebraucht werden können, andere zu heilen. Eine der Bedingungen, die ein Priester erfüllen musste, um seinen Dienst versehen zu können, war die, dass er keine schorfigen Stellen an seinem Körper haben durfte (vgl. 3. Mose 21,20). Schorf bedeckt immer eine unverheilte Wunde. Jemand, der einen Schorf hat, ist an dieser Stelle überempfindlich, sodass man ihn nicht berühren kann. In gleicher Weise werden auch unsere unverheilten Wunden andere davon abhalten, uns in diesen Bereichen nahe zu kommen. Auf diese Weise können wir unmöglich für die Fürbitte tun und eintreten, die unseren Dienst eigentlich brauchen. Deshalb können uns geistliche Schorfstellen für unseren wichtigsten Dienst disqualifizieren.

Wenn eine Wunde geheilt ist, wird vielleicht noch eine Narbe zurückbleiben, die immer noch etwas empfindlich sein kann; aber sie wird nie so empfindlich sein, dass es andere davon abhalten könnte, uns nahe zu kommen. Die Empfindlichkeit oder Sensibilität einer Narbe unterscheidet sich grundsätzlich von der eines Schorfs. Narben machen uns empfindsam, sodass wir die Verletzungen im Leben anderer erkennen können, die noch nicht geheilt wurden.

Der Ausweg

Das erste Prinzip, wie wir aus unserer gegenwärtigen finanziellen Gebundenheit herauskommen können, besteht nicht etwa darin zu empfangen, sondern zu geben. Wenn sich bei dieser Aussage etwas in Ihnen zusammengezogen hat, dann ist das ein Hinweis darauf, dass es in Ihrem Leben eine Verletzung oder Wunde gibt, die noch geheilt werden muss. Unser Feind hat sich in den Tausenden von Jahren, die er über seine dunkle Welt geherrscht hat, einiges an Erfahrung und Wissen angeeignet, und er hat sehr schlau und zielgerichtet die wichtigsten Bereiche mit seinen stärksten Waffen angegriffen. Er hat einige der wichtigsten Worte aus der Schrift genommen – wie etwa *Heiligkeit, Unterordnung* und *Geben* – und hat sie selbst für Christen abstossend gemacht. Aber diese Wahrheiten werden von allen zurückerobert, die überwinden.

Es ist wahr, dass die Gemeinde vergewaltigt worden ist. Eine Vergewaltigung stellt die schlimmste Form der Verletzung einer Person dar. Daher gehört eine Vergewaltigung auch mit zu den traumatischsten Erfahrungen, von denen sich eine Frau nur sehr schwer erholen kann. Die Gemeinde ist immer wieder durch Hysterie, Manipulation und Menschen mit einem Kontrollgeist vergewaltigt worden. Wenn der Herr das hätte verhindern können, warum hat er das nicht getan? Welcher liebevolle Vater würde es zulassen, dass seine Tochter vergewaltigt wird, wenn er es verhindern kann? Denken Sie daran, dass unser himmlischer Vater es zugelassen hat, dass sein Sohn unverdienterweise gekreuzigt wurde, weil er einen grösseren Plan hatte. Sein Ziel ist es letzten Endes, seinen Sohn zu gebrauchen, um durch seine Gemeinde jede Form der Vergewaltigung ein für alle Mal von der Erde auszutilgen.

Wir müssen verstehen, dass der Herr alles zugelassen hat, was uns an schlimmen Dingen zugestossen ist. Er liebt uns wirklich, sogar noch mehr als wir unsere eigenen Kinder lieben. Alles, was er in unserem Leben zugelassen hat, war zu unserem eigenen Besten und zum Besten seiner gesamten Schöpfung. Wir müssen endlich aufhören, unsere eigenen Wunden zu bedauern, und verstehen, dass sie zugelassen wurden, damit wir genau über den Bereich Autorität gewinnen würden, in dem wir verletzt wurden, und damit wir zu Gefässen der Heilung für andere Verletzte werden. Deshalb schrieb der Apostel Paulus auch:

Jetzt freue ich mich in den Leiden, die ich für euch ertrage. Für den Leib Christi, die Kirche, ergänze ich in meinem irdischen Leben das, was an den Leiden Christi noch fehlt.

Kolosser 1,24

Dieser Vers will nicht behaupten, das Werk Jesu wäre etwa nicht vollständig gewesen. Das Wort, das hier mit «fehlt» übersetzt wurde, könnte man auch mit «zurücklassen» wiedergeben. Das bedeutet also, dass er unsere Leiden aus dem gleichen Grund zulässt, aus dem er gelitten hat – um dadurch erlösende Autorität in der Welt freizusetzen. Deshalb wies Paulus auch auf seine Schwierigkeiten und Prüfungen hin, als er seine Autorität verteidigen musste. Alles Leiden, das ein Gläubiger durchmachen muss, dient immer einem Erlösungszweck.

Auch wenn der Herr die Vergewaltigung seiner eigenen Braut zugelassen hat, wird er dennoch ein grosses Wunder wirken. Er wird die Gemeinde nehmen, die immer wieder vergewaltigt wurde und die zu anderen Zeiten auch die Hure gespielt hat, und er wird sie wieder in eine reine und unberührte Jungfrau verwandeln. In den Bereichen, in denen sie den schlimmsten Missbrauch erdulden musste, wird sie Heilung empfangen und die Autorität erhalten, andere zu heilen.

Der Herr wird in den letzen Tagen auch eine Form des Dienstes ins Leben rufen, der seine Braut niemals wieder vergewaltigen wird. Alle, die daran beteiligt sind, werden «geistliche Eunuchen» um des Reiches Gottes willen sein. Ein Eunuch kann noch nicht einmal Verlangen nach der Braut verspüren. Seine ganze Bestimmung ist es, die Braut für den König vorzubereiten; und er erhält seine Befriedigung dadurch, dass der König befriedigt ist. Das wird das Wesen dieses kommenden Dienstes sein. Die Männer und Frauen, die daran teilhaben, werden nicht im Dienst stehen, um sich an der Gemeinde zu bereichern und sie für ihre eigenen Zwecke zu missbrauchen. Sie werden sich voll und ganz daran hingeben, ihr aus lauter Liebe zum Bräutigam zu dienen.

Noch ehe das Ende kommt, wird ein Volk aufstehen, das dem Herrn bedingungslos und rückhaltlos nachfolgt. Aber wir können davon ausgehen, dass die Gemeinde eine lange Zeit brauchen wird, um ihm oder sonst irgendjemandem anderen zu vertrauen, weil sie in der Vergangenheit so missbraucht worden ist. Viele Gläubige haben auf den finanziellen Missbrauch so reagiert, dass sie gar nicht mehr gegeben haben. Das ist nachvollziehbar, aber solange sie in dieser Haltung verharren, werden sie höchstwahrscheinlich immer in finanzieller Gebundenheit stehen bleiben. Geben ist eine der Grundlagen des christlichen Glaubens, und wenn wir unser Geld weggeben, ist es einer der besten Wege, wie wir von dieser Macht des Götzendienstes frei werden, die eine der letzten Festungen in unserem Leben darstellt. Daher müssen wir uns schon allein um derer willen, die so schwer verletzt wurden, kompromisslos mit diesen Themen befassen.

Wir können heute noch von all unseren geistlichen Verletzungen frei werden – und niemals wieder zurückschauen. Sie müssen keinerlei Auswirkungen auf den Rest unseres Lebens haben. Unser Ausweg ist das Kreuz, das sich immer durch Vergebung erweist.

Die Schnellstrasse zur Freiheit

In Träumen und Visionen steht eine Autobahn oder Schnellstrasse oft für den *höheren Weg* Gottes. Das ist der Weg in das Reich Gottes, nach dem wir suchen. Es ist einfach unmöglich, gleichzeitig nach Standard, Wünschen, Gelüsten und Wegen dieser bösen Zeit und gemäss den Massstäben des Reiches Gottes zu leben. Das bedeutet nicht, dass wir kein Auto, Haus oder keinen Fernseher besitzen dürfen. Es bedeutet vielmehr, dass wir nur die Dinge besitzen, die uns erlaubt sind. Gleichzeitig heisst es auch, dass wir «alles aber ... um des Evangeliums willen» tun (vgl. 1. Korinther 9,23a). Das erste Kriterium, das wir bei jeder anstehenden Entscheidung berücksichtigen, besteht darin, den Willen unseres Herrn zu erfahren. Wir müssen bereits jetzt damit anfangen, das zu tun und umzusetzen, was eindeutig in seinem Wort beschrieben ist.

Eines der grössten Einfallstore, durch die der Geist der Armut zu unserem Leben Zugang hat, besteht in unseren eigenen ungerechten Urteilen. Das ist der Geist der Kritik.

Ich habe einmal einen Bundesstaat in den Vereinigten Staaten besucht, der unter einem so starken Geist der Armut litt, wie ich ihn in diesem Land sonst kaum angetroffen habe. Das war insofern erstaunlich, als es eine Gegend von aussergewöhnlicher Schönheit und grossem Reichtum an natürlichen Ressourcen ist. Seine Bewohner sind talentiert und einfallsreich; aber fast alle waren unter einem Geist der Armut gefangen. Ein weiteres sehr auffallendes Kennzeichen war, dass jeder, dem ich begegnete, nur beissende Kritik und Verachtung für alle die übrig hatte, die es zu Wohlstand und Einfluss gebracht hatten.

Bei allen Pastoren der kleinen Gemeinden, mit denen ich mich traf (fast alle Gemeinden in diesem Bundesstaat waren wirklich sehr klein), kam das Gespräch unweigerlich irgendwann an den

Punkt, an dem sie die «Mega-Gemeinden» und «Mega-Dienste» scharf kritisierten. Ganz offensichtlich hielten die Pastoren diese Gemeinden und Dienste für die Ursache von vielen ihrer eigenen Probleme. Was die ganze Situation noch trauriger machte, war die Tatsache, dass viele dieser Pastoren eigentlich berufen waren, in viel grösserer Autorität zu leben als die Leiter der grossen Gemeinden oder Dienste, die sie kritisierten. Als ich für sie betete, zeigte mir der Herr, dass ihre Kritik und ihr Richtgeist der Grund für ihre Armut war.

Viele Pastoren bringen sich und ihre Gemeinden unter das Joch der Armut, indem sie ständig kritisieren, wie andere Gemeinden und Dienste ihre Opfer nehmen, oder negativ darüber reden, wie sie an Spendengelder herankommen. Weil sie andere dadurch richten, sind sie selbst nicht einmal in der Lage, ein biblisches Opfer einzusammeln, ohne sich dabei schuldig zu fühlen. Sie haben sich selbst durch ihr ungerechtes Richten ein Joch aufgelegt.

Bei den vielen Menschen mit einer ausserordentlichen geistlichen Begabung, aber einem Mangel an geistlicher Frucht, denen ich bisher begegnet bin, habe ich ein gemeinsames Kennzeichen festgestellt – einen Kritikgeist. Sie kritisierten und richteten die Dienste anderer, die an Einfluss zunahmen; und sie disqualifizierten sich somit selbst, ebenfalls mehr empfangen zu können. Unsere Kritik wird uns nur in Armut stürzen. «Tod und Leben sind in der Gewalt der Zunge, und wer sie liebt, wird ihre Frucht essen.» (Sprüche 18,21; Elb.)

Wie Salomo bereits feststellte:

> *Doch der Pfad der Gerechten ist wie das Licht am Morgen; es wird immer heller bis zum vollen Tag.*
> *Der Weg der Frevler ist wie dunkle Nacht; sie merken nicht, worüber sie fallen.*
>
> Sprüche 4,18–19

Wenn wir in Gerechtigkeit wandeln, wird unser Licht immer heller strahlen. Im Allgemeinen kennt keiner, der in der Dunkelheit umherirrt, den Grund für diese Dunkelheit, sonst würde er nicht darin verharren. Aber jeder kritische Mensch ist zugleich ein stolzer Mensch; daher wird er an allen anderen Kritik üben ausser an sich selbst. Deshalb kann er seine eigene Sünde nicht erkennen. Wie der Herr es selbst gesagt hat, ist ein solcher Mensch so damit beschäftigt, die Splitter in den Augen seiner Brüder zu suchen, dass er den grossen Balken in seinem eigenen Auge nicht erkennen kann.

Wir wurden alle aus Gnade gerettet; und wir werden alle Gnade brauchen, die wir bekommen können, um dieses Leben gut durchzustehen. Wenn wir Gnade empfangen wollen, tun wir gut daran zu lernen, wie wir anderen Gnade gewähren können, weil wir immer das ernten werden, was wir säen. Wenn wir erwarten, Barmherzigkeit zu empfangen, müssen wir anfangen, Barmherzigkeit zu säen. Die meisten von uns werden alle Barmherzigkeit brauchen, die wir nur irgend erhalten können. Der Herr hat uns nachdrücklich gewarnt:

> *Ihr habt gehört, dass zu den Alten gesagt worden ist: Du sollst nicht töten; wer aber jemand tötet, soll dem Gericht verfallen sein.*
> *Ich aber sage euch: Jeder, der seinem Bruder auch nur zürnt, soll dem Gericht verfallen sein; und wer zu seinem Bruder sagt: Du Dummkopf!, soll dem Spruch des Hohen Rates verfallen sein; wer aber zu ihm sagt: Du gottloser Narr!, soll dem Feuer der Hölle verfallen sein.*
> *Wenn du deine Opfergabe zum Altar bringst und dir dabei einfällt, dass dein Bruder etwas gegen dich hat, so lass deine Gabe dort vor dem Altar liegen; geh und versöhne dich zuerst mit deinem Bruder, dann komm und opfere deine Gabe.*
> *Schliess ohne Zögern Frieden mit deinem Gegner, solange du mit ihm noch auf dem Weg zum Gericht bist. Sonst wird dich dein Gegner vor den Richter bringen und der Richter wird dich dem Gerichtsdiener übergeben und du wirst ins Gefängnis geworfen.*

Amen, das sage ich dir: Du kommst von dort nicht heraus, bis du den letzten Pfennig bezahlt hast.

Matthäus 5,21–26

Dieser Warnung können wir ganz deutlich entnehmen, dass wir gar nicht erst versuchen sollten, dem Herrn ein Opfer zu bringen, wenn wir an einem Bruder schuldig geworden sind, weil wir negativ über ihn geredet haben, bis wir uns nicht mit ihm versöhnt haben. Der Herr sieht diese Dinge in einem engen Zusammenhang, während wir oft zu denken scheinen, unsere Opfer und Gaben könnten solche Sünden wieder ausgleichen. Aber das wird niemals möglich sein.

Wie wir bereits an anderer Stelle erwähnt haben, müssen wir grosszügig sein und es lernen zu geben, um empfangen zu können. Wir können aber die freigiebigsten Leute und dennoch in Knechtschaft gebunden sein, wenn wir dem Geist der Armut durch unsere Kritik und unser ungerechtes Urteilen Zugang zu unserem Leben gewähren. Wir werden so lange in diesem Gefängnis bleiben, das wir uns durch unser Richten erbaut haben, bis wir den letzten Pfennig bezahlt haben oder bis wir uns mit dem Bruder versöhnt haben, über den wir negativ geredet haben.

Schlagen Sie hier einen Pflock ein!

Aus diesem Grund möchte ich Sie ermutigen, an dieser Stelle Ihre Lektüre kurz zu unterbrechen, um zu beten. Bitten Sie den Herrn, Ihnen zu offenbaren, wie dieser Kritikgeist oder vielleicht auch ungerechtes Urteilen über andere in Ihrem Leben Platz gefunden hat, durch das Sie sich selbst ein Joch aufgelegt haben. Tun Sie darüber Busse, und seien Sie auch bereit, zu denjenigen hinzugehen, die Sie verletzt haben, und sich vor ihnen zu demütigen. Halten Sie sich dabei stets vor Augen, dass Gott den Demütigen seine Gnade gibt, und keiner von uns wird es ohne seine Gnade schaffen. Das ist die beste Gelegenheit, wie Sie in seiner Gnade wachsen können und wie das Joch dieses Geistes der Armut über Ihrem Leben zerbrochen werden kann. Wenn der Grund für Ihre Schwierigkeiten darin zu suchen ist, dass Sie einen richtenden Geist hatten, werden Sie erstaunt sein, wie diese Demut in Form von Busse anfängt, die Dinge umzukehren.

Kapitel 17

Der «Zehnte» im Reich Gottes

Das erste Prinzip von Haushalterschaft im Reich Gottes heisst Gehorsam dem König gegenüber. Zwei sehr wichtige Stellen, die wir in der Bibel zu diesem Thema finden, sind für die Gemeinde heute von besonderer Bedeutung. Sie stehen in Haggai 1 und Maleachi 3.

So spricht der Herr der Heere: Dieses Volk sagt: Noch ist die Zeit nicht gekommen, das Haus des Herrn aufzubauen.
Da erging das Wort des Herrn durch den Propheten Haggai: Ist etwa die Zeit gekommen, dass ihr in euren getäfelten Häusern wohnt, während dieses Haus in Trümmern liegt?
Nun aber spricht der Herr der Heere: Überlegt doch, wie es euch geht.
Ihr sät viel und erntet wenig; ihr esst und werdet nicht satt; ihr trinkt, aber zum Betrinken reicht es euch nicht; ihr zieht Kleider an, aber sie halten nicht warm und wer etwas verdient, verdient es für einen löcherigen Beutel.
So spricht der Herr der Heere: Überlegt also, wie es euch geht.
Geht ins Gebirge, schafft Holz herbei und baut den Tempel wieder auf! Das würde mir gefallen und mich ehren, spricht der Herr.
Ihr habt viel erhofft und doch nur wenig geerntet; und wenn ihr es einbrachtet, blies ich es weg. Warum wohl? – Spruch des Herrn der Heere. Weil mein Haus in Trümmern liegt, während jeder von euch für sein eigenes Haus rennt.
Deshalb hält der Himmel über euch den Tau zurück, und die Erde hält ihren Ertrag zurück.
Ich rief die Dürre über das Land und über die Berge, über das

Getreide, über den Wein und das Öl, über alles, was der Boden hervorbringt, über Mensch und Vieh und über alle Arbeit eurer Hände.

Haggai 1,2–11

Darf der Mensch Gott betrügen? Denn ihr betrügt mich. Doch ihr sagt: Womit betrügen wir dich? – Mit den Zehnten und Abgaben!
Dem Fluch seid ihr verfallen, doch ihr betrügt mich weiter, ihr, das ganze Volk.
Bringt den ganzen Zehnten ins Vorratshaus, damit in meinem Haus Nahrung vorhanden ist. Ja, stellt mich auf die Probe damit, spricht der Herr der Heere, und wartet, ob ich euch dann nicht die Schleusen des Himmels öffne und Segen im Übermass auf euch herabschütte.
Den Fresser wehre ich von euch ab, damit er nicht die Früchte eurer Äcker vertilgt und damit der Weinstock auf eurem Feld nicht ohne Ertrag bleibt, spricht der Herr der Heere.
Dann werden alle Völker euch glücklich preisen; denn ihr seid ein glückliches Land, spricht der Herr der Heere.

Maleachi 3,8–12

Ein weiteres Wort, bei dem der Feind sein Bestes gegeben hat, um es zu verdrehen und zu pervertieren, sodass wir es fast nicht mehr verwenden können, ist der *Zehnte*. Wie bei anderen Worten auch, hat der Feind seine grössten Anstrengungen und Verdrehungsversuche auf ein Wort verwendet, das für eine Wahrheit steht, von der er sehr wohl weiss, dass sie uns von seinem Joch der Knechtschaft frei machen wird. Deswegen werde ich dieses Wort gebrauchen, so oft ich nur kann, ohne mich dafür zu entschuldigen.

Der Zehnte ist der biblische Ausdruck dafür, dass wir die Erstlingsfrucht oder den ersten Ertrag unserer Arbeit dem Herrn geben. Der Betrag dafür wurde ausdrücklich auf zehn Prozent festgelegt. Die Patriarchen hatten diese Praxis, noch ehe überhaupt das Gesetz durch Mose gegeben wurde. Abraham hatte

Melchisedek den zehnten Teil der Beute gegeben, nachdem er gegen die Könige gekämpft hatte; und auch Jakob versprach dem Herrn, ihm den zehnten Teil von allem zu geben, was der Herr ihm geben würde (vgl. 1. Mose 14,20 und 28,22). Da wir im Neuen Testament als Priester nach der Ordnung von Melchisedek berufen sind, ist der Zehnte für uns unter dem Neuen Bund von ganz besonderer Bedeutung. Es gab auch noch andere Opfer, die man dem Herrn bringen konnte, aber dieses eine war vorgeschrieben.

Wie die meisten anderen Christen habe auch ich schon viele Lehren über den Zehnten gehört, die sich sowohl dafür als auch teilweise dagegen aussprachen. Es gibt gute Argumente, die für und gegen die Tatsache sprechen, dass der Zehnte zur Disziplin der neutestamentlichen Gemeinde gehört. Aber Sie dürfen sich nicht täuschen lassen; es ist eine zentrale Wahrheit für unsere Zeit. Gott ehrt den Zehnten auch heute noch genau so, wie er es in Maleachi verheissen hat.

Wenn wir den Zehnten geben, heisst das nicht unbedingt, dass wir versuchen, nach dem Gesetz zu leben; es ist auch keine Gesetzlichkeit, obwohl es dazu werden kann. Es gibt Menschen, die aus Gesetzlichkeit beten; aber heisst das etwa, wir sollten alle aufhören zu beten? Ich kenne Menschen, die – getrieben von einem religiösen Geist – Zeugnis geben, ihre Bibel lesen und sogar anbeten; aber sollte das bedeuten, dass wir diese Dinge nicht mehr tun? Selbstverständlich nicht. Wir können uns selbst überprüfen, um sicher zu stellen, dass wir all das im richtigen Geist tun; aber wir müssen deswegen immer noch in diesen grundlegenden Disziplinen unseres Glaubens treu bleiben. Dem Herrn unsere Erstlinge zu geben, gehört zu eben diesen grundlegenden Disziplinen.

Wenn wir dem Herrn die Erstlinge unseres Einkommens im richtigen Geist geben, ist das ein Schritt des Glaubens. «Ohne Glauben aber ist es unmöglich, Gott zu gefallen; denn wer zu Gott kommen will, muss glauben, dass er ist und dass er denen, die ihn suchen, ihren Lohn geben wird.» (Hebräer 11,6) Der Herr will unseren Glauben sehen, ehe er seine Kraft für uns freisetzt.

Wenn wir ihm unsere Erstlingsfrucht geben, ist das ein solcher Schritt des Glaubens, durch den wir erklären, dass wir ihm als die Quelle all unserer Versorgung vertrauen.

Das Wort unseres Zeugnisses ist eine der Waffen, durch die wir die Welt überwinden (vgl. Offenbarung 12,11). Es ist mein Zeugnis, dass die einzigen Zeitpunkte, in denen ich finanzielle Schwierigkeiten hatte, seit ich Christ geworden bin, diejenigen waren, in denen ich nicht treu mit meinem Zehnten war. Das war normalerweise aus Nachlässigkeit geschehen, da ich immer schon daran geglaubt habe, den Zehnten zu geben. Jedes Mal, wenn ich in finanzielle Schwierigkeiten geriet und anschliessend meine Aufzeichnungen zurückverfolgte, habe ich entdeckt, dass meine Schwierigkeiten stets dann begannen, wenn ich an diesem Punkt nicht mehr sorgfältig und treu war. Sobald ich über meine Nachlässigkeit Busse tat und wieder anfing, dem Herrn die Erstlinge meines Einkommens zu geben, wurden die Fenster des Himmels jedes Mal sehr schnell wieder geöffnet, wie er es auch verheissen hat.

Als ich ein erfolgreicher Geschäftsmann wurde, gab ich immer grosse Spenden an verschiedene Gemeinden und Dienste. Ich gab so viel, dass ich davon ausging, mindestens zehn Prozent zu geben; und ich hörte auf, es ständig zu überprüfen und nachzurechnen. Als ich am Gipfel meines Erfolges stand, begann mein Geschäft abzustürzen, und schliesslich brach alles zusammen. Später hatte ich den Impuls, der Sache auf den Grund zu gehen und die Höhe meines Zehnten zu überprüfen. Ich entdeckte, dass meine Schwierigkeiten fast unmittelbar nach dem Zeitpunkt begannen, an dem ich aufgehört hatte, die ersten zehn Prozent dem Herrn zu geben.

Auch in unserem Dienst geben wir den Zehnten. MorningStar Publications, unser Verlag, nimmt von anderen Gemeinden weder Opfer noch Zehnten an, sondern er gibt vielmehr seinen Zehnten in die Gemeinde. Alle unsere Gemeinden lernen es, den Zehnten an andere Dienste zu geben. Wie ich es in meinem persönlichen Leben gelernt habe, überprüfen auch wir unsere Buchführung sehr gründlich, wenn wir bemerken, dass wir in finanzielle Schwierigkeiten zu geraten drohen. In den meisten Fällen haben wir entdeckt, dass wir zumindest in einem Teilbereich unseres Dienstes bei dem Zehnten nachlässig geworden sind.

Im Laufe der Jahre habe ich zahllose Zeugnisse gehört, wie sich die Situation im Leben von Menschen dramatisch gewandelt hat, sobald sie anfingen, treu mit ihrem Zehnten zu sein. Als ich darüber in unserer örtlichen Gemeinde lehrte, hörte ich fast umgehend von Zeugnissen, wie sich finanzielle Schwierigkeiten im Leben der Leute zu ändern begannen, als sie in diesem Bereich gehorsam wurden. Ganz ohne Ausnahme gehören die Menschen mit chronischen Finanzproblemen, denen ich bisher begegnet bin, zur der Gruppe von Leuten, die darin nicht treu sind, dem Herrn ihre Erstlinge zu bringen.

Das bedeutet aber nicht, dass automatisch nächste Woche alle Ihre finanziellen Schwierigkeiten vorüber sein werden, wenn Sie diese Woche Ihren Zehnten geben. Aber es ist wirklich so, dass die meisten Menschen sofort erleben, wie der Herr eingreift und anfängt, ihr Leben herumzudrehen. Ich bin selbst bereits Zeuge von vielen finanziellen Wundern geworden; aber bisweilen greift der Herr auch dadurch ein, dass er uns weitere Festungen in unserem Leben offenbart, die uns noch zurückhalten. Ganz gleichgültig, auf welche Weise er es tut, wird das Endergebnis von biblischer Haushalterschaft stets unsere finanzielle Unabhängigkeit sein.

Gute Absichten sind kein Gehorsam

Ich habe schon einige Menschen finanziell abstürzen sehen, obwohl sie an den Zehnten geglaubt haben. Sie waren ebenso töricht wie ich, als ich mir einmal gesagt hatte, ich würde den Zehnten so lange zur Seite legen und ansammeln, bis der Herr mir sagen würde, wohin ich ihn geben sollte. Das mag sehr edelmütig klingen; aber solange sich das Geld noch auf unserem Konto befindet, haben wir es nicht gegeben. Der Herr hat uns in seinem Wort bereits gesagt, wohin wir ihn geben sollen – in sein Vorratshaus, und das ist die Gemeinde. Selbst wenn Sie nicht damit einverstanden sind, wie Ihr Gemeindeleiter das Geld ausgibt: Sobald Sie Teil einer örtlichen Gemeinde oder Versammlung sind, sollten Sie Ihren Zehnten dorthin geben.

Ich habe andere Menschen gehört, die erklären, sie geben keinen Zehnten, da ohnehin alles, was sie haben, dem Herrn gehört. Das ist ein weiterer tragischer Irrglaube. Wenn wirklich alles, was sie besitzen, dem Herrn gehören würde, dann wären sie auf jeden Fall seinem Gebot gehorsam, ihm die Erstlingsfrüchte zu bringen. Gott braucht unser Geld nicht. Die ganze Welt gehört ihm. Dieses Gebot gilt um unseretwillen, nicht um seinetwillen. Unsere Ausflüchte schaden uns nur selbst.

Da die Gemeinde das Vorratshaus Gottes ist, heisst das, dass auch unsere einzelnen Gemeinden den Zehnten geben sollten? Ja. Erstens ist es ein Vorrecht, und keine Strafe. Der Herr möchte, dass sein ganzes Volk zu einem Gefäss wird, durch das seine Versorgung fliessen kann, um den Nöten aller abzuhelfen, denen er helfen möchte. Sobald wir aufhören zu geben, unterbrechen wir diesen Fluss. Wenn Sie einen Beweis dafür möchten, dass der Herr das Prinzip des Zehnten bei Gemeinden und Diensten in gleicher Weise ehrt wie bei Einzelpersonen, sehen Sie sich einfach die Dienste an, die stets am Kämpfen sind, und vergleichen Sie sie mit den Diensten, die stets die Fülle zu haben scheinen.

Wir können in der Apostelgeschichte davon lesen, wie eine Hungersnot prophezeit wurde, die über die ganze Erde kommen sollte. Damals fingen die Gemeinden aber nicht etwa an, Vorräte aufzuhäufen; sondern sie nahmen vielmehr ein Opfer und gaben es weg (vgl. Apostelgeschichte 11,28–30)! Wenn wir geben, schaffen wir uns damit Schätze im Himmel und stellen unser Vertrauen auf Gott unter Beweis. Wenn Sie glauben, dass uns eine wirtschaftliche Katastrophe bevorsteht, dann ist die einzige Anlage, in die Sie vernünftigerweise investieren können, das Reich, das nicht erschüttert werden kann. Vielleicht denken Sie, dass Sie es sich nicht leisten können, den Zehnten zu geben, aber ich sage Ihnen, Sie können es sich nicht leisten, ihn nicht zu geben. Die meisten von uns brauchen eigentlich kein höheres Einkommen; wir haben es nur nötig, dass der «Fresser» über unserem Leben bedroht wird. Aber der Herr hat uns noch viel mehr als das verheissen. Er hat uns verheissen, dass wir so gesegnet werden, dass wir nicht genug Raum haben werden, um die ganze Fülle zu fassen. Das ist die «Genüge ... zu jedem guten Werk» (2. Korinther 9,8; Elb.), in der wir leben sollen.

Sind Sie so gesegnet? Wenn nicht, fangen Sie an, den «ganzen Zehnten» in das Vorratshaus zu bringen. Das bedeutet den Zehnten vor Abzug aller Steuern und Nebenkosten. Wenn wir das Wort Gottes wirklich glauben und ernst nehmen, weshalb sollten wir dann nicht den ganzen Zehnten und weit darüber hinaus geben wollen? Er hat uns solchen Segen verheissen, dass wir ihn ohnehin nicht mehr fassen können.

Im alten Israel war es sogar so, dass sich eine Familie durch ihren Zehnten im Herrn rühmen konnte. Wenn sie ihren Zehnten in das Vorratshaus brachten, sagten sie damit: «Seht her, wie sehr uns der Herr dieses Jahr gesegnet hat!» Es ist ein Schritt des Glaubens und ein Weg, wie wir die Güte und Freundlichkeit Gottes in unserem Leben ehren können.

Im Folgenden möchte ich einige biblische Verheissungen darstellen, die uns der Herr in Bezug auf diese Disziplin gegeben hat. Wenn wir diese Verheissungen kennen und danach leben, kann sich unser gesamtes finanzielles Leben umkehren. Sie sind das Wort Gottes, und er kann nicht lügen.

Gebt, dann wird auch euch gegeben werden. In reichem, vollem, gehäuftem, überfliessendem Mass wird man euch beschenken; denn nach dem Mass, mit dem ihr messt und zuteilt, wird auch euch zugeteilt werden.

Lukas 6,38

Wer dem Armen gibt, hat keinen Mangel, wer seine Augen verschliesst, wird viel verflucht.

Sprüche 28,27

Mancher teilt aus und bekommt immer mehr, ein anderer kargt übers Mass und wird doch ärmer.
Wer wohltätig ist, wird reich gesättigt, wer andere labt, wird selbst gelabt.

Sprüche 11,24–25

Denkt daran: Wer kärglich sät, wird auch kärglich ernten; wer reichlich sät, wird reichlich ernten.
Jeder gebe, wie er es sich in seinem Herzen vorgenommen hat, nicht verdrossen und nicht unter Zwang; denn Gott liebt einen fröhlichen Geber.
In seiner Macht kann Gott alle Gaben über euch ausschütten, sodass euch allezeit in allem alles Nötige ausreichend zur Verfügung steht und ihr noch genug habt, um allen Gutes zu tun.

2. Korinther 9,6–8

Teil IV
Geistliche Autorität

Kapitel 18

Wahrheit oder Konsequenzen

Wie wir bereits an anderer Stelle gesehen haben, wird der Herr die Erde richten, und er wird bei seinem eigenen Haus beginnen. Gericht bedeutet nicht immer Verurteilung, aber es ist der letzte Aufruf zur Busse, ehe die Verurteilung kommt. Dabei ist es völlig gleichgültig, wie oft wir in die Kirche oder zum Gottesdienst gegangen sind oder wie viel Wahrheit wir wissen. Wir werden nach unseren Werken gerichtet und danach, wie wir unser Leben geführt haben. Aus der Schrift können wir erkennen, dass die Tatsache, dass wir die Wahrheit gewusst und nicht danach gelebt haben, uns nur ein umso härteres Urteil bescheren wird.

Paulus ermahnte uns, «die Güte Gottes und seine Strenge» zu erkennen (Römer 11,22a). Viele lassen sich täuschen, weil sie nur die Güte Gottes sehen, ohne gleichzeitig seine Strenge wahrzunehmen. Andere verfallen dem Irrtum, nur seine Strenge zu sehen, ohne auch seine Güte zu verstehen. Um die Wahrheit erkennen zu können, müssen wir sowohl seine Güte wie auch seine Strenge gleichzeitig wahrnehmen.

Viele gehen davon aus, dass sie, weil wir ja in der Zeit der Gnade leben, weiter bewusst sündigen können und dass Gott einfach darüber hinwegsehen wird. Das ist ein wirklich tragischer Irrtum. Wir leben in der Zeit der *Gnade* und der *Wahrheit* (vgl. Johannes 1,17). Unser Gott ist ein Gott seines Wortes. Unsere Rettung hängt von der Tatsache ab, dass er sein Wort hält. Sein Volk, das berufen ist, so zu sein wie er, wird ebenso ein Volk sein, das sein Wort hält. Unser Ja soll wirklich ein Ja sein, und unser Nein soll wirklich Nein heissen, ohne irgendwelche Abstriche.

Wenn wir unser Wort anderen Menschen gegenüber brechen, ist das schlecht. Aber wenn wir unser Wort Gott gegenüber brechen, ist das die grösste menschliche Dummheit, die wir begehen können. Ananias und Saphira mussten die Konsequenzen ihres Verhaltens tragen, das Petrus als Lüge gegenüber dem Heiligen Geist bezeichnete. Sie wollten als solche Menschen gelten, die dem Herrn alles gegeben hatten, aber gleichzeitig «behielt er etwas von dem Erlös für sich» (Apostelgeschichte 5,2a). Es wäre viel besser für uns, wenn wir uns gar nicht erst als Knechte oder Sklaven Jesu hingeben würden, als eine solche Hingabe zu vollziehen und dann einen Teil des Erlöses für uns selbst zurückzuhalten.

Wenn die Gemeinde ihre Bestimmung erfüllen soll, ist es eine grundlegende Voraussetzung, dass wir zu einem Volk werden, das zu seinem Wort steht. Wie wir bereits an anderer Stelle angesprochen haben, stellt Vertrauen die Brücke dar, die Beziehungen überhaupt erst möglich macht. Ohne Vertrauen können wir vielleicht Vergebung und sogar Liebe haben, aber es wird niemals zu echten Beziehungen kommen. Die Kraft unseres Vertrauens bestimmt die Tiefe unserer Beziehungen. Damit die Gemeinde zu einem solchen Brückenbauer werden kann, der dazu beiträgt, die Beziehung zwischen Gott und einzelnen Menschen wiederherzustellen, müssen wir uns als vertrauenswürdig erweisen.

Der Geist der Armut konnte sich in dem Moment auf so breiter Basis Zutritt in die Gemeinde verschaffen, als sich einige der bekannten Dienste in Lüge, Untreue oder Missbrauch von Spendengeldern verstrickten, die ihnen anvertraut worden waren. In einer übertriebenen Reaktion auf diese Vorfälle haben einige Menschen vollständig aufgehört zu geben, was wiederum ernste Folgen in ihrem eigenen Leben hatte. Viele fingen an, ihr Wort zu brechen, wenn sie versprochen hatten, bestimmten Gemeinden oder Diensten eine gewisse Summe zu geben. Davon waren sogar Dienste betroffen, die stets in höchstmöglicher Integrität und Transparenz gelebt hatten. Aber die Menschen, die auf diese Weise ihr Wort brachen, wurden selbst noch viel mehr verletzt. Ein Versprechen zu brechen, ist eine ernste Angelegenheit, und die Bibel sagt sehr deutlich, dass es bestimmte Folgen nach sich zieht, wenn wir das tun. Viele haben jetzt darunter zu leiden.

Autorität und Verantwortung

Da es offensichtlich ist, dass der ganze Bereich der Wirtschaft den Bereich unserer grössten Prüfungen am Ende des Zeitalters darstellt, müssen wir nach einem viel höheren Standard von finanzieller Integrität leben, wenn wir wirklich ein Licht in der Dunkelheit sein wollen.

Die Bibel ermahnt uns , wenn «wir mit uns selbst ins Gericht [gingen], dann würden wir nicht gerichtet» (1. Korinther 11,31). Wenn wir uns selbst prüfen und wenn wir den Herrn bitten, seinen Heiligen Geist zu senden, damit er uns von allem Bösen in unserem Leben überführt, und wenn wir Korrektur als einen Gnadenbeweis des Herrn annehmen, werden wir nicht durch das sehr viel schlimmere Gericht gehen müssen, das uns noch bevorsteht. Wenn wir dem Haus des Herrn dienen und Verwalter seiner Ressourcen sind, ist das eine sehr ernste Angelegenheit. Wenn wir dazu berufen sind, müssen wir dem höchsten Massstab an Integrität gerecht werden. Wir müssen die grosse Verantwortung erkennen, die uns übertragen wurde; und wir müssen sie mit aller Wertschätzung behandeln, die sie verdient. Nicht das Geld macht sie zu einer so ernsten und gewichtigen Angelegenheit, sondern vielmehr die Integrität seines Hauses, die dabei auf dem Spiel steht.

Noch ehe das Ende kommt, wenn nichts anderes auf dieser Erde mehr stabil oder zuverlässig ist, wird die Welt auf die Gemeinde sehen und ein Volk erkennen, auf das Verlass ist, das an sein Wort gebunden ist. Sie werden anfangen, auch Gott zu vertrauen, wenn sie erkennen, dass sein Volk vertrauenswürdig ist. Die Kraft unseres Zeugnisses wird zuallererst von der Tatsache bestimmt, wie stark unser Vertrauen auf das Wort Gottes ist, und in zweiter Linie davon, wie sehr man unserem Wort vertrauen kann. Wenn wir das Wort Gottes wirklich glauben, werden wir ihm immer ähnlicher werden, und dann werden auch *unsere* Worte wahr sein.

Wir müssen über diese wichtigen und ernsten Themen sprechen, weil wir vor ernsten Zeiten stehen. Es hat noch nie eine ernstere Angelegenheit gegeben als unsere Beziehung zu Gott. Das Gericht, das am Ende über die ganze Welt kommen wird, ist eigentlich nur die Folge der Tatsache, dass sie Gott so leichtfertig behandelt hat. Wie sollten also wir, die es eigentlich besser wissen müssten, das Gleiche tun und trotzdem erwarten, damit durchzukommen?

Der Gott, der uns so sehr geliebt hat, dass er seinen einzigen Sohn gegeben hat, ist nicht so hart gegen uns, dass er uns wegen Nichtigkeiten verurteilen würde. Er kennt die Schwierigkeiten und weiss, welchem Druck wir in dieser Welt ausgesetzt sind. Aber obwohl er weiss, dass wir von Zeit zu Zeit fallen werden, sagt die Schrift ganz eindeutig, dass wir in dem Augenblick, in dem wir seine Gnade für selbstverständlich nehmen und etwas für uns selbst zurückhalten, obwohl wir versprochen haben, ihm alles zu geben, letzten Endes auf ein tragisches Ende zusteuern. Es reicht eben nicht aus, einfach nur sein Wort zu kennen – wir müssen es auch halten.

Wenn die Furcht der Freiheit dient

Wenn der Sturm losbricht, ist es im Zweifelsfall zu spät, sein Haus auf den Fels zu bauen. Lassen Sie uns jetzt auf das Wort Gottes hören, das uns zum Gehorsam mahnt:

> *Doch das Auge des Herrn ruht auf allen, die ihn fürchten und ehren, die nach seiner Güte ausschaun; denn er will sie dem Tod entreissen und in der Hungersnot ihr Leben erhalten.*
>
> Psalm 33,18–19

Da ist ein Armer; er rief und der Herr erhörte ihn. Er half ihm aus all seinen Nöten.
Der Engel des Herrn umschirmt alle, die ihn fürchten und ehren, und er befreit sie.
Kostet und seht, wie gütig der Herr ist; wohl dem, der zu ihm sich flüchtet!
Fürchtet den Herrn, ihr seine Heiligen; denn wer ihn fürchtet, leidet keinen Mangel.
Reiche müssen darben und hungern; wer aber den Herrn sucht, braucht kein Gut zu entbehren.

Psalm 34,7–11

Die grössten Verheissungen des Wortes Gottes gelten für diejenigen, die den Herrn fürchten. Niemand, der den Herrn auf die richtige Weise fürchtet, hat irgendetwas anderes auf dieser Welt zu fürchten. Die Menschen, die ihn kannten, aber ihn dennoch nicht auf die richtige Weise fürchteten, sind den grössten Tragödien der Menschheit verfallen. Johannes hatte eine vertraute Liebesbeziehung zum Herrn, während Judas ihn lediglich kannte und den Umgang mit ihm gewohnt war. Das kann ein himmelweiter Unterschied sein. Wenn wir den Umgang mit Gott gewohnt sind, kann das zu einer Art Selbstverständlichkeit führen, die wahrscheinlich zu den fürchterlichsten Täuschungsformen gehört. Aber ein vertrauter Umgang, der eine stets zunehmende Offenbarung dessen hervorbringt, wie gewaltig und überwältigend der Herr ist, wird zugleich immer auch Gehorsam wecken.

Wenn wir uns als Knechte Jesu Christi hingeben und weiterhin für uns selbst leben, begehen wir eine tragische Torheit. Wenn wir die Wahrheit kennen und uns verpflichten, danach zu leben, aber es anschliessend nicht tun, sind wir das Musterbeispiel für fromme Heuchler – das waren die Menschen, für die der Herr sein schärfstes Urteil aufgespart hatte.

Obwohl wir durch das Blut des Lammes teuer erkauft sind, wird er uns niemals zwingen, ihm zu dienen. Wir sollen ihm gehorchen, aber wir müssen uns aus freien Stücken dazu entscheiden, weil wir immer die Freiheit haben, es nicht zu tun.

Wir mögen vielleicht über Jahre die Folgen unserer Sünden nicht zu spüren bekommen; aber wir werden letzten Endes immer das ernten, was wir gesät haben. Schon König Salomo fasste das in Prediger 8,11 in die folgenden Worte: «Weil der Urteilsspruch über die böse Tat nicht schnell vollzogen wird, darum ist das Herz der Menschenkinder davon erfüllt, Böses zu tun.» (Elb.)

Wenn Gott unsere Sünde nicht sofort richtet, halten viele Menschen das oft für einen Hinweis darauf, dass sie ihm nicht so wichtig ist; aber das ist eine Täuschung, die aus einem verfinsterten Herzen stammt. Schon allein die Tatsache, dass er uns nicht sofort zurechtweist, bedeutet Gericht an sich, durch das sich unser Herz nur noch mehr verhärtet.

Man könnte also denken, dass wir vielleicht nicht ganz so schnell dem Bösen zugeneigt wären, wenn der Herr nur mit seinem Gericht schneller wäre. Das ist richtig. Aber es würde gleichzeitig die Freiheit einschränken, die er uns gewährt, damit wir unsere Hingabe an ihn unter Beweis stellen können. Wer wäre schon ungehorsam, wenn er wüsste, dass seiner Tat das Gericht auf dem Fusse folgt? Die gleiche Freiheit, die er uns gibt, ihm ungehorsam zu sein, ist auch die Freiheit, die er uns gibt, ihm zu gehorchen und dadurch unsere Liebe zu ihm zu beweisen. Deshalb werden alle, welche die Wahrheit lieben, danach leben, selbst wenn es ihnen unbequem oder scheinbar unvorteilhaft erscheint.

KAPITEL 19

Geistliche Autorität

Wir haben bereits darüber gesprochen, dass der Herr zwei unterschiedliche Autoritätsbereiche auf der Erde festgesetzt hat – die Autorität der staatlichen Regierung und die geistliche Autorität der Gemeinde –, und darüber, dass ein grundlegender Unterschied zwischen diesen Autoritätsbereichen darin besteht, mit welchen Waffen sie ausgerüstet wurden, um ihren Auftrag zu erfüllen. Das ist deshalb so wichtig, weil die Gemeinde in den Bereich von Autorität vorstossen wird, in dem sie Fürstentümer und Gewalten über ganzen Gegenden und Nationen entmachten wird. Wir müssen diese Sachlage klar erkennen, damit wir an unserer geistlichen Autorität, die uns anvertraut wurde, wachsen und sie ausüben können. Dadurch können wir gleichzeitig einige der gefährlichsten Fallen vermeiden, in die der Feind uns hineinstossen will.

Der Auftrag der staatlichen Regierung, die Ordnung auf dieser Erde aufrechtzuerhalten, macht es erforderlich, dass sie mit «fleischlichen» oder materiellen Waffen ausgestattet ist. Die geistliche Autorität, die der Gemeinde gegeben ist, wird durch geistliche Waffen ausgeübt – durch Wahrheit, Liebe, Frieden, Geduld und so weiter. Wir haben die geistliche Autorität erhalten, um mit geistlichen Problemen fertig zu werden – wie Dämonen auszutreiben, die Kranken zu heilen und Wunder zu wirken, die nicht den Naturgesetzen unterworfen sind. Wenn die Gemeinde in die Falle tappt, fleischliche Waffen oder staatliche Gewalt einsetzen zu wollen, um ihre Aufgabe zu erfüllen, verspielt sie dadurch ihre geistliche Autorität, die doch ungleich grösser ist. Deshalb müssen wir es lernen, die beiden Bereiche zu unterscheiden und sie auch getrennt zu behandeln.

Obwohl die staatliche Autorität von Gott eingesetzt ist, wird es die vollkommene und perfekte menschliche Autorität niemals geben. In manchen Fällen kann sie sogar böse sein. Alle Autorität im Himmel und auf Erden ist Jesus Christus gegeben; aber er hat seine Autorität über die Erde noch nicht *direkt* ergriffen und sie auch seinem Volk noch nicht gegeben. Das liegt daran, dass er sein Reich noch nicht vollständig auf dieser Erde aufgerichtet hat. Aber *indirekt* hat er die Autorität über diese Erde bereits ergriffen, weil es keine Herrschaft und keine geistliche Autorität auf dieser Erde gibt, die ohne seine Einwilligung an die Macht kommen könnte – und seien es auch die Schlimmsten.

Der Herr lässt es bisweilen zu, dass die Bösen die Herrschaft übernehmen; das ist eine Form des Gerichts über ganzen Regionen und Nationen. Wir dürfen nicht vergessen, dass Paulus, als er in Römer 13 von der Notwendigkeit schrieb, uns der staatlichen Autorität unterzuordnen, dabei die Herrschaft von Kaiser Nero vor Augen hatte, einem der grausamsten Kaiser, der die Christenverfolgung in Rom initiierte und der sogar Paulus selbst später das Leben nehmen sollte.

Zu dem Zeitpunkt, als Paulus dieses Kapitel im Römerbrief schrieb, gab es keine einzige staatliche Regierung auf der Welt, die der Gemeinde gegenüber positiv eingestellt war. Die Feindschaft der staatlichen Regierungen gegenüber der Gemeinde war ebenfalls ein Teil des Planes Gottes, um die beiden getrennt zu halten. Aber trotzdem durften die Christen nicht gegen die staatliche Ordnung rebellieren; sie erhielten vielmehr den Befehl, dieser Autorität den ihr gebührenden Respekt zu zollen.

Ein Grund, weshalb der Herr die Gemeinde und die staatliche Regierung getrennt halten wollte, besteht darin, dass die Autorität, die der Herr der Gemeinde gegeben hat, um ein *Vielfaches grösser* ist, als die, welche er der staatlichen Macht anvertraut hat. Die staatliche Autorität ist vergänglich – unsere ist ewig. Die staatliche Autorität kann Gesetze verändern, aber sie kann keine Menschen verändern. Es ist nicht der Plan Gottes, dass die

Gemeinde versucht, ihren Einfluss mit fleischlichen Mitteln geltend zu machen, sondern durch die Kraft der Wahrheit und durch die Salbung des Heiligen Geistes, die viel mächtiger und wirksamer sind.

Das bedeutet aber wiederum nicht, dass die Christen nicht versuchen sollten, Gesetze zu beeinflussen oder dass keine gläubigen und aufrechten Männer und Frauen an einflussreiche Positionen innerhalb der staatlichen Macht gelangen sollten. Aber wir müssen das als Staatsbürger unserer Nationen tun, nicht als Vertreter der Gemeinde.

Wir können unsere Beziehung zur staatlichen Macht nicht am Vorbild Israels im Alten Testament ableiten, weil Gott – abgesehen von dem allgemeinen Mandat, das er der staatlichen Autorität gegeben hat – mit keiner anderen Nation einen solchen Bund geschlossen hat wie mit Israel. Israel im Alten Testament war als ein Muster und Modell für die Beziehung Gottes zu seiner Gemeinde gedacht, nicht zu den einzelnen Völkern und Nationen. Aber selbst zu Zeiten des biblischen Israels waren die Bereiche der priesterlichen und staatlichen Autorität eindeutig voneinander unterschieden und getrennt.

Die Weisheit der amerikanischen Gründungsväter, welche die Trennung von Staat und Kirche festgelegt hatten, war mit Sicherheit Weisheit vom Himmel. Gleichzeitig müssen wir aber auch anerkennen, dass dies nicht geschah, um die Kirche daran zu hindern, den Staat zu beeinflussen, wie viele Befürworter der Säkularisierung das heute behaupten. Es hatte viel mehr den Zweck, die staatliche Regierung aus den Belangen der Kirchen und Gemeinden herauszuhalten. Aber Amerika ist nicht das Reich Gottes. Diese Nation hat, wie viele andere auch, in vielen Bereichen die Gunst und den Segen Gottes genossen. Viele gerechte Männer haben unser Land immer wieder dem Herrn geweiht. Aber jeder Bund, den Gott ehrt, ist ursprünglich von ihm ausgegangen; und es gibt keinerlei Hinweis darauf, dass Gott in der Geschichte mit irgendeiner anderen Nation einen solch speziellen Bund eingegangen wäre wie mit Israel. Sein besonderer Bund in diesem Zeitalter gilt seinem heiligen Volk, der Gemeinde.

Vielleicht erscheint diese Tatsache einigen immer noch nicht ganz einleuchtend. Daher möchte ich an dieser Stelle noch einen näheren Blick darauf werfen. Es ist wichtig, dass wir diesen Punkt verstehen, wenn wir in der Autorität leben wollen, die uns als Gemeinde gegeben ist, und wenn wir den Weg für das Reich Gottes ebnen wollen, indem wir es verkündigen. Es ist das «Evangelium des Reiches», das allen Völkern verkündigt werden muss, ehe das Ende kommen kann; und bis heute ist dieses Evangelium aufgrund der oben erwähnten und anderer Verwirrungen so gut wie gar nicht gepredigt worden.

Ein Gesetz in unserem Herzen

Margret Thatcher, die ehemalige Premierministerin Englands, hat einmal festgestellt: «Der Lack der Zivilisation ist sehr dünn.» Sie machte diese Bemerkung, nachdem sie beobachtet hatte, wie sich Menschen wie Tiere verhielten, als in New York der Strom ausfiel. Wenn die Lichter verlöschen und Alarmanlagen ausfallen und wenn dann die Polizei nicht sofort zu Stelle ist, offenbart sich oft das wahre Wesen der Menschen. Dieser «dünne Lack» ist der Bereich der staatlichen Autorität. Wir brauchen Lichter, Alarmanlagen und Polizei; und wir sollten Gott für die staatliche Autorität danken, die sie uns zur Verfügung stellen, so begrenzt sie in ihren Möglichkeiten auch sein mögen.

Geistliche Autorität beruht aber nicht auf Strassenbeleuchtung, welche die Menschen zurückhält und vor Verbrechen abschreckt. Geistliche Autorität ist das Licht im Herzen der Menschen selbst, das sie dazu treibt, das Richtige zu tun, selbst wenn die Lichter ausgehen und die Polizei nicht zu sehen ist. Es ist dieses Licht, das junge Männer und Frauen dazu bringt, sich moralisch rein zu halten, oder wenn sie einen Fehler gemacht haben, ihnen solche Liebe und Respekt für das Leben gibt, dass sie nicht einmal im Traum an eine Abtreibung denken würden.

Bereit zu herrschen

Obwohl es in diesem Zeitalter eine Trennung von geistlicher und staatlicher Autorität geben muss, wird die Gemeinde darauf vorbereitet, im kommenden Zeitalter mit aller Autorität zu herrschen und zu regieren. König David stellt eines der grossen Beispiele für einen Mann in der Bibel dar, der in wahrer geistlicher Autorität lebte und gleichzeitig der Vertreter der staatlichen Macht war. Er war ein Prophet. Er war ein Anbetungsleiter, und er war der König. Er stellt auch eines der grossartigen Bilder für Jesus Christus dar, der eines Tages zusammen mit seiner Gemeinde sowohl geistliche wie auch staatliche Autorität über diese Erde ausüben wird.

David musste eine seiner schwersten Prüfungen bestehen, als er völlig ungerechtfertigt durch die staatliche Autorität seines Landes verfolgt wurde. In gewisser Weise war das auch der beste Beweis für seinen Charakter. Selbst als er bereits zum Nachfolger Sauls gesalbt war, hat David kein einziges Mal seine Hand an den «Gesalbten des Herrn» gelegt (vgl. 1. Samuel 24,7). David schlug sogar das Gewissen, als er nur den Zipfel von Sauls Mantel abgeschnitten hatte. Das zeigt uns den tiefen Respekt, den er gegenüber jeder Form von Autorität empfand; und es war einer der Hauptgründe, weshalb ihm später noch nie dagewesene Machtfülle und Autorität anvertraut werden konnte. Alle, die mit Christus herrschen und regieren werden, müssen die gleiche Prüfung bestehen. Aus diesem Grund erleben gerade auch Gemeinden, die von staatlicher Seite verfolgt werden, häufig besonders starkes geistliches Wachstum.

Als David von Saul verfolgt wurde, war er noch mehr auf den Herrn angewiesen und lebte in der Abhängigkeit von ihm. Das Ausmass der Autorität, die uns anvertraut werden kann, hängt hauptsächlich von dem Mass unserer Abhängigkeit vom Herrn ab. Der grosse Respekt, den David jeder Art von Autorität erwies, hatte seinen Ursprung in Davids Vertrauen auf den Herrn, der die höchste Autorität ist. Dieser Respekt vor Autorität ermöglichte es David, eine Dynastie und einen Thron aufzubauen, die in Ewigkeit bestand haben sollten – wie auch Jesus heute noch «auf dem Thron Davids» sitzt (vgl. Jesaja 9,6). Niemand, der in wahrer geistlicher Autorität lebt, wird jemals eine andere Autorität untergraben, die von Gott eingesetzt wurde; und er wird auch niemals versuchen, sich irgendeine Position selbst zu verschaffen. Die Söhne Gottes werden vom Geist Gottes geleitet; und sie warten geduldig, bis der Geist ihnen den Weg geebnet hat. Wenn wir zusammen mit Jesus auf dem Thron sitzen wollen, kann es nur auf diese Weise geschehen.

Der Herr lässt es im Moment zu, dass seine Gemeinde, die berufen ist, zusammen mit ihm zu herrschen, allen Prüfungen unterworfen wird, die auch David durchmachen musste, um dadurch auf den Thron vorbereitet zu werden, da auch wir auf unsere Autorität vorbereitet werden. Wie wir bereits an anderer Stelle gesehen haben, hat Satan Jesus dadurch versucht, indem er ihm anbot, bereits vor der Zeit die Autorität über die Welt zu ergreifen, noch ehe er an das Kreuz ging, was den Tod durch die staatliche Autorität bedeutete. Das ist auch die grösste Versuchung, die Satan der Gemeinde vor Augen hält. Er weiss genau, wenn es ihm gelingt, die Gemeinde dazu zu bringen, sich vergängliche Autorität anzueignen, noch ehe wir durch alle Prüfungen hindurchgegangen sind, die uns auf diese Herrschaft vorbereiten sollen, werden wir letzten Endes nach den Regeln dieser bösen Welt herrschen und dadurch sogar den Willen des Teufel erfüllen.

Bisher ist der Teufel mit dieser Versuchung recht erfolgreich gewesen. Wir können eine Spur tragischer geistlicher Fehlschläge durch die ganze Geschichte zurückverfolgen, die ihren Ursprung darin hatten, dass die Gemeinde versuchte, ihren Auftrag mit Hilfe der staatlichen Autorität oder fleischlicher Waffen zu erfüllen.

Der Fürbitter

Es gibt im Verlauf der Geschichte eine Vielzahl von Christen, die berufen waren, eine einflussreiche Position im Bereich der staatlichen Autorität einzunehmen, und die dadurch grosse Dinge erreichten. Zu ihnen gehört zum Beispiel William Wilberforce, der ein Abgeordneter im englischen Unterhaus war und dafür sorgte, dass im ganzen britischen Königreich die Sklaverei abgeschafft wurde. Aber selbst dieser grossartige Erfolg war lediglich ein oberflächlicher Sieg im Bereich des «dünnen Lacks», da die Ausbeutung durch das Kolonialsystem noch über Jahrhunderte andauerte und die wirtschaftliche Unterdrückung in vielen Formen bis heute sogar noch besteht. Aber dennoch stellte dieses Ereignis im Bereich der menschlichen Geschichte einen ungeheuren Schritt in die richtige Richtung für die ganze Menschheit dar.

Obwohl dieses gesamte Zeitalter hauptsächlich der Vorbereitung derer dient, die berufen sind, Miterben Jesu Christi zu sein und deshalb mit ihm zu herrschen, ist der Herr trotzdem ganz offensichtlich darum besorgt, dass die äusseren Bedingungen auf dieser Erde so gut wie möglich für die Menschen gestaltet werden. Er liebt die Menschen, und er greift häufig ein, um ihre äusseren Bedingungen zu verbessern – selbst für die Menschen, die ihn nicht kennen. Aber er wird nur dann eingreifen, wenn ein Fürbitter in den Riss tritt. Den Grund dafür lesen wir in Psalm 115,16: «Der Himmel ist der Himmel des Herrn, die Erde aber gab er den Menschen.» Der Herr hat die Autorität über die Erde an uns Menschen weitergegeben; und er greift erst dann ein, wenn wir ihn darum bitten.

Deshalb müssen wir beten, obwohl er unsere Nöte schon längst kennt. Aus diesem Grund kann ein Fürbitter auch viel mehr ausrichten als ein ganzer Kongress oder ein Abgeordnetenhaus. Ein Fürbitter kann die Hand Gottes bewegen. Viele der Menschen mit der grössten Autorität im Himmel haben nur wenig oder gar keine Autorität hier auf der Erde. In umgekehrter Weise gilt auch, dass viele Menschen, die grosse Autorität hier auf der Erde haben, nur wenig oder gar keine Autorität im Himmel haben. Welche Autorität würden Sie vorziehen?

Der Stein des Anstosses

Es kommt zu beträchtlicher Verwirrung über die Frage, wieviel weltliche Autorität die Gemeinde haben sollte, wenn wir nicht erkennen können, welche Schriftstellen erst für das kommende Zeitalter gelten, sondern versuchen, sie bereits in dieser Zeit anzuwenden. In diesem Zeitalter war es immer so, dass die Gemeinde jedes Mal in tragische und oft sogar satanische Übertreibungsformen verfallen ist, sobald sie ihren wahren Herrschaftsbereich verlassen hat, um ihren Willen im Bereich der staatlichen Autorität durchzusetzen. Der Schlüssel an dieser Stelle liegt darin, dass die Gemeinde immer dann zu diesen Fehlern kam, *sobald sie ihren Autoritätsbereich verlassen hat, um weltliche Autorität an sich zu reissen.* Die Gemeinde ist dazu berufen, «das Licht der Welt» zu sein (vgl. Matthäus 5,14). Sie soll eine Kraft zum Guten sein und die Massstäbe der Gerechtigkeit Gottes aufrichten. Die Gemeinde sollte das Gewissen der staatlichen Regierungen sein. Die Falle, in die sie so oft getappt ist, war, dass sie versucht hat, diese Aufgabe durch die staatliche Autorität zu erfüllen und nicht innerhalb ihres eigentlichen Herrschaftsbereiches.

Die Gemeinde wird nicht deshalb zum Licht, weil sie an der Wahlurne Erfolge erzielt. Als die Menge kam und Jesus mit Gewalt zum König machen wollte, floh er in die Berge. Wenn das Volk jemanden zum König macht, wer wird dann herrschen? Die Tatsache, dass die Menschen Jesus zum König machen wollten, mag zunächst sehr edelmütig erscheinen; aber in Wirklichkeit handelt es sich dabei um eines der vermessensten Unterfangen in der ganzen Bibel. Die Menschen dachten, sie könnten Gott zum König machen! Dabei war er als König *geboren*! Die Quelle seiner Autorität lag niemals bei den Menschen, sondern sie kam vom Vater im Himmel. In gleicher Weise kommt auch die Autorität der Gemeinde vom Vater im Himmel. Jedes Mal, wenn sie versucht hat, ihre Autorität aus irgendeiner anderen Quelle zu schöpfen, waren die Folgen verheerend.

Der Bereich unserer Autorität

Paulus erklärte den Korinthern, dass ihm ein bestimmter Autoritätsbereich übertragen worden war, über den er nicht hinausgehen würde (vgl. 2. Korinther 10,13–14). Alle, die etwas von geistlicher Autorität verstehen, werden sehr genau darauf achten, welcher Autoritätsbereich ihnen zugewiesen ist, da wir eine Katastrophe heraufbeschwören, wenn wir über unseren rechtmässigen Bereich hinausgehen. In gleicher Weise wie ein Polizist aus Atlanta keine Autorität in Mexico City hat – und wahrscheinlich zu Schaden kommen würde, wenn er versuchen sollte, dort Autorität auszuüben –, haben auch wir ausserhalb des Bereiches, den Gott uns zugewiesen hat, keine geistliche Autorität.

Der Autoritätsbereich, den die staatlichen Regierungen erhalten haben, unterscheidet sich von dem der Gemeinde. Jedes Mal, wenn die Gemeinde versucht hat, ihr Ziel zu erreichen, indem sie sich des Herrschaftsbereiches bediente, welcher der staatlichen Autorität zugeteilt ist, und jedes Mal, wenn die staatliche Autorität versucht hat, ihre Zwecke zu erfüllen, indem sie die Gemeinde dazu gebrauchte, hat es nur zu Tyrannei und Bedrückung geführt. Der Autoritätsbereich der staatlichen Regierungen ist der ganze Bereich des Gesetzes, und der Autoritätsbereich der Gemeinde ist der Bereich des Geistes. Die Grenzen unseres geistlichen Herrschaftsbereiches gehen so weit, wie die «Frucht des Geistes» erkennbar ist.

Jesus selbst sagte: «Wenn ich aber die Dämonen durch den Geist Gottes austreibe, dann ist das Reich Gottes schon zu euch gekommen.» (Matthäus 12,28) Wenn wir versuchen, diese Dämonen durch irgendeinen anderen Geist auszutreiben, können wir sicher sein, dass das Reich der Finsternis über uns kommt und uns überwindet und dass wir im besten Falle verwundet und nackt zurückbleiben. Unser Herr Jesus selbst hat niemals versucht, staatliche Autorität einzusetzen, um die Pläne des Vaters zu verwirklichen – ebenso wenig die Apostel und Leiter der Urgemeinde. Sie hatten verstanden, dass es bedeuten würde, die hohe Position aufzugeben, die sie empfangen hatten, wenn sie das täten. Sie überliessen Cäsar, was ihm gehörte, und gaben sich selbst an die Sache Gottes hin.

Prophetische Autorität

Die Gemeinde ist berufen, den Regierungen prophetische Worte weiterzugeben. Gerade diese prophetische Salbung stellt die Grundlage unseres Einflusses dar, den wir auf Regierungen ausüben sollen. Prophetische Autorität ist die moralische Autorität und Kraft, die Wahrheit auszusprechen; und sie wird durch ein aufrechtes und gerechtes Leben klar dargelegt und untermauert. Moralische Autorität ist auf dem Fundament der Moralität gegründet. Geistliche Autorität ist auf dem Fundament unseres Einflusses bei Gott gegründet, der daher kommt, dass wir in Jesus, seinem König, bleiben.

Die Gemeinde darf nicht länger erwarten, dass die Regierung unsere Aufgaben erledigt. Im Römischen Reich des ersten Jahrhunderts gab es nicht nur ein grosses Problem mit Abtreibungen, sondern auch mit Kindstötungen. Aber die Autoren des Neuen Testamentes haben diese Themen noch nicht einmal erwähnt. Ihr Schweigen hatte seine Ursache aber nicht in der Tatsache, dass sie etwa nicht über das Problem informiert gewesen wären, und schon gar nicht in der stillschweigenden Zustimmung zu solchen Praktiken. Sie waren schlicht und einfach nicht dazu bereit, ihre Kraft darauf zu verschwenden, auf einzelne Zweige einzuschlagen. Sie hatten sich stattdessen entschieden, die Axt an die Wurzel des Baumes zu legen – Sünde und Entfremdung von Gott. Wenn Menschen mit Gott versöhnt werden, werden auch Abtreibung und jedes andere Übel verschwinden.

Jonathan Edwards, der von Gott gebraucht wurde, um das erste «Grosse Erwachen» in den Vereinigten Staaten auszulösen, predigte eine einzelne gesalbte Botschaft, *Sünder in der Hand eines zorniges Gottes (Sinners in the Hands of an Angry God)*, die weit mehr für die Moral seines Landes bewirkte als alle Gesetze, die zu seiner Zeit galten und vielleicht bis heute in Geltung sind. Alle Moralgesetze zusammengenommen konnten das nicht erreichen, was durch die Bewegung des Grossen Erwachens geschah. Proteste und Demonstrationen können ihren Platz in einer demokratischen Gesellschaft haben, aber die Gemeinde hat eine viel höhere Berufung. Die Autorität der Gemeinde besteht nicht in der Kraft zu demonstrieren, sondern in der Demonstration der Kraft.

Leo Tolstoi, vielleicht der grösste Romanautor, den es je gab, hat einmal gesagt: «Prophetie ist wie ein Funke, der in einem trockenen Wald entfacht wird. Wenn er einmal brennt, wird er so lange weiter brennen, bis alles Holz, Stroh und Stoppeln verzehrt sind.» Die Geschichte der Sklaverei stellt ein gutes Beispiel dafür dar. Sie war eine allgemein akzeptierte Einrichtung, bis eines Tages unter der Kraft göttlicher Salbung eindeutig ausgesprochen wurde, dass sie unrecht war. Die Wahrheit breitete sich aus wie ein Feuer, das in trockenem Holz angezündet worden war. Innerhalb nur weniger Jahre stand die ganze Welt in Flammen und loderte im Feuer dieser Wahrheit, und die Sklaverei wurde zumindest in ihren offensichtlichsten Formen sehr schnell weltweit abgeschafft.

Einer der grossen Funken, die auf das trockene Holz der Sklaverei gefallen waren, war der Roman von Harriet Beecher Stowe, *Onkel Toms Hütte (Uncle Tom's Cabin)*. Dieser Roman stellte das Übel der Sklaverei so deutlich heraus, dass es sich nicht länger in der zivilisierten Welt halten konnte. Als Abraham Lincoln einmal Mrs. Stowe mitten im amerikanischen Bürgerkrieg begegnete, rief er aus: «Sie sind also die kleine Frau, die diesen grossen Krieg ausgelöst hat!» Das war sie auch.

Eine der grössten prophetischen Machterweisungen im Zeitalter der Kirche ereignete sich durch Martin Luther. Luther war ein einfacher Mönch gewesen; aber als er seine *Fünfundneunzig Thesen* an die Tür einer winzigen Kirche in der unbekannten Kleinstadt Wittenberg in Deutschland schlug, veränderte sich die ganze Welt! Er veränderte aber nicht nur die Welt in seiner eigenen Generation, sondern er setzte Veränderungen in Gang, die jede nachfolgende Generation seit dieser Zeit beeinflusst haben. Es hat noch keinen einzigen Kaiser oder König gegeben, noch nicht einmal eine ganze Dynastie, dem bzw. der es gelungen wäre, die Welt derart zu beeinflussen, wie es dieser einfache Mönch getan hat.

Martin Luther ist ein aufrüttelndes Zeugnis, dass selbst der unbedeutendste Mensch, wenn er mit der Wahrheit Gottes ausgerüstet ist und von seinen Überzeugungen nicht abweicht, mächtiger ist als alle Heerscharen. Die Kraft von Luthers prophetischer Erklärung hat nicht ihresgleichen gefunden, seit im ersten Jahrhundert Paulus und Silas die mächtigsten Herrscher des grössten Reiches der Welt vor Furcht zittern liessen, sodass sie voller Schrecken ausriefen: «Diese Leute, die die ganze Welt in Aufruhr gebracht haben, sind jetzt auch hier.» (Apostelgeschichte 17,6c)

Später in seinem Leben verfiel Luther mehr und mehr der Versuchung, seine geistlichen Ziele durch weltliche Macht erreichen zu wollen. In dieser Zeit gingen einige höchst satanische Lehren von ihm aus, die manche auch heute noch für die Samen des Holocaust halten.

Meiner Meinung nach hätte Martin Luther King Jr. sogar noch mehr erreicht, wenn er nicht begonnen hätte, sich so sehr auf die staatliche Regierung und Autorität zu verlassen, um seine Vision eines gerechten Amerikas zu verwirklichen, das frei von Bigotterie sein sollte. Ich gebe zu, dass die Gesetze, die er verabschiedet sehen wollte, erlassen werden mussten. Aber zu dem Zeitpunkt, als seine moralische Autorität ihren Höhepunkt erreicht hatte, scheint sie von der allzu grossen Aufmerksamkeit verwässert worden zu sein, die er der staatlichen Autorität und ihrem Vorgehen zollte. Aber trotz alledem ist Martin Luther King Jr. eine der grossen prophetischen Stimmen, die Amerika im

Bereich von moralischer Autorität hervorgebracht hat. Das Tragische daran ist, dass die Gemeinde nicht zwei Jahrhunderte zuvor mit der gleichen Botschaft aufgestanden ist.

Man sagt, dass Mahatma Gandhi ein echtes Bekehrungserlebnis hatte. Aber er weigerte sich, sich taufen zu lassen, als er sah, wie dieses Ereignis zu einem Schauspiel der Selbstdarstellung des Evangelisten wurde. Dennoch hielt er an vielen der Lehren Jesu fest. Ganz besonders hatte es ihm die Ermahnung Jesu angetan, das Böse mit Gutem zu überwinden und die andere Wange hinzuhalten, wenn er angegriffen wurde. Er entschloss sich, genau nach diesen Anweisungen zu leben. Indem er sein Leben ausschliesslich auf einen solch kleinen Teil der Botschaft des Herrn ausrichtete, gelang es Gandhi, das mächtigste Reich seiner Zeit in die Knie zu zwingen und eine neue Nation zur Geburt zu bringen.

Gandhi selbst weigerte sich, ein politisches Amt anzunehmen, obwohl er mit Leichtigkeit zu Indiens erstem Premierminister hätte werden können. Er erklärte einfach, dass er eine grössere Autorität gefunden hätte, als ihm jedes politische Amt jemals hätte geben können. Er hatte Recht. Das Gleiche gilt auch für die Gemeinde. Wir müssen die zentralen Themen unserer Zeit erkennen und ansprechen und anschliessend die moralische und geistliche Autorität sein, zu der wir berufen sind.

Wenn Gandhi seine Welt so dramatisch verändern konnte, obwohl er nur nach einem winzigen Ausschnitt des Evangeliums lebte, über welche Macht und Autorität könnte die Gemeinde verfügen, wenn wir alle anfangen würden, nach dem ganzen Evangelium zu leben? Wenn wir wirklich verstehen würden, welche Macht uns anvertraut ist, würde sich kein Pastor einer Herde so weit herablassen, lediglich Präsident des Landes zu werden – ganz zu schweigen von einem Kongressabgeordneten oder Senator –, wenn dies nicht gerade die Berufung ist, die der Herr ihm speziell gegeben hat. Damit soll in keiner Weise das Verdienst derer geschmälert werden, die ihrem Land in diesen Funktionen dienen; aber wir sind einfach zu viel Höherem berufen.

Wenn eine Regierung sich den grossen moralischen Fragen zuwendet und Gesetze erlässt, um sie zu lösen, so ist das besser als gar nichts. Diejenigen, die sich für eine solche Gesetzgebung einsetzen, geben ihr Bestes; aber sie sollten diese Dinge eigentlich gar nicht tun müssen. Nur weil die Gemeinde der schweigende Prophet gewesen ist und – so wie Jona – ihrer Berufung davongelaufen ist und in den grossen Stürmen ihrer Zeit geschlafen hat, sind die Heiden gezwungen, uns endlich aufzuwecken!

Die tödliche Falle

Aus genau diesem Grund besteht die grösste Falle für alle diejenigen, welche geistliche Autorität haben, in der Versuchung, ihren Einfluss auf der weltlichen, staatlichen Ebene geltend zu machen. Wir können unseren Einfluss dort einsetzen, um Gutes zu bewirken; aber das Gute kann der schlimmste Feind des Besten sein. Es ist die gleiche Verführung, die schon im Garten Eden begonnen hat – es ist die Verlockung mit den guten Aspekten des Baumes der Erkenntnis von Gut und Böse. Wenn wir von diesem Baum essen, können wir unter Umständen viel «Gutes» bewirken; aber letzen Endes werden wir und das Gute, das wir getan haben, vergehen.

Einige sind berufen, in politischen Positionen zu dienen; aber das ist nicht unsere «hohe Berufung». Es ist eigentlich sogar eine sehr niedrige Berufung, wenn wir sie mit einer Position der geistlichen Autorität vergleichen. Sobald wir wirklich verstanden haben, wer Jesus ist und wozu er uns berufen hat, werden wir die Gesinnung eines Elia haben, der vor dem König stehen konnte und sagte: «So wahr der Herr, der Gott Israels, lebt, vor *dem ich stehe.*» (1. Könige 17,1b; Elb.) Dadurch erklärte Elia Ahab: «Ich stehe nicht vor dir. Du bist nur ein König, ein Mensch. Ich lebe nicht vor Menschen; ich lebe mein Leben vor dem lebendigen Gott. Wenn die Gemeinde es lernt, in gleicher Weise vor Gott statt vor Menschen zu leben, wird ihr auch die gleiche Kraft anvertraut werden.

Weshalb sollten wir darauf aus sein, einen König oder Präsidenten oder irgendeinen anderen Menschen sehen zu wollen, wenn wir keinen göttlichen Auftrag dazu haben? Wir können jederzeit direkt zum König des Universums gehen. Weshalb sollten wir unsere Zeit damit vergeuden, ein neues Gesetz durch das verwirrende und chaotische System unserer Gesetzgebung hindurchbringen zu wollen? Wenn wir erst einmal den König in seiner Herrlichkeit gesehen haben, wie könnte uns jemals wieder ein Präsident oder König aus diesem irdischen Bereich beeindrucken?

Autorität erkennen

Wenn wir kein ausreichendes Verständnis unserer Bestimmung haben und nicht wissen, in welcher Beziehung wir zu anderen stehen, um diese Bestimmung zu erfüllen, stellt das eine der häufigsten Quellen für Verwirrung dar. Diese Verwirrung ist eine der grundlegenden Ursachen für Zwietracht und Unfrieden in der Welt. Eine Art, wie wir ein Verständnis davon gewinnen können, wer wir sind und in welcher Beziehung wir zu anderen stehen, ist die, bestehende Autorität zu erkennen und unseren Platz ihr gegenüber festzustellen. Das Ganze beginnt damit, dass wir die beiden grundlegenden Aufträge erkennen, die Gott auf dieser Erde vergeben hat, und an welcher Stelle wir unseren Platz darin haben.

Es gibt verschiedene Wege, wie Christen in beiden Autoritätsbereichen leben können. So muss zum Beispiel ein Christ, der im Militär oder Polizeibeamter ist, im Herrschaftsbereich der staatlichen Autorität leben, solange er Dienst hat. Wenn er als Soldat Dienst tut oder die Einhaltung der Gesetze durchsetzt, muss ein solcher Christ das Schwert einsetzen oder die Waffen, die ihm zu diesem Zweck gegeben wurden. Wenn er aber seine

Pflicht als Christ tut, haben diese Waffen keinen Platz mehr. Dann sind vielmehr Wahrheit, Liebe, Friede etc. seine Waffen, um die Autorität des Reiches Gottes aufzurichten und zu erhalten.

Zusammenfassung

Wenn wir dieses Thema ausreichend behandeln wollten, würde das allein ein ganzes Buch füllen; deshalb können wir an dieser Stelle nur oberflächlich darauf eingehen. Aber diese ganze Frage ist von zentraler Bedeutung, wenn wir erkennen wollen, wie wir von den unrechtmässigen Festungen des Feindes frei werden können und wie wir den Herrschaftsbereich abstecken können, in dem das Reich Gottes aufgerichtet wird.

Gott ist die letzte Autorität. Sein Auftrag und Befehl stehen über allem anderen. Wenn eine Regierung, sei sie staatlicher oder geistlicher Natur, über ihren Auftrag hinausgeht, so ist es seine Aufgabe, sie zurechtzuweisen. Er wird dies vielleicht durch eine andere Regierung tun, wie er auch die Völker, die um Israel herum lebten, gebrauchte, um Israel immer wieder zu strafen, wenn es von ihm abgefallen war. Wie König David ganz recht bemerkte, als er eine Strafe für seine Volkszählung wählen sollte, ist es viel besser, eine Naturkatastrophe oder sogar eine Hungersnot oder Krankheitsplage zu erleiden, als in die Hände anderer Menschen zu fallen. Krieg ist die schlimmste aller Gerichtsformen für ein Land. Es gibt nichts, was grössere Zerstörung bringt als ein feindliches Heer, das in ein Land einfällt. In unseren heutigen Zeiten haben die Zerstörungen durch Kriege und feindliche Armeen ein exponentielles Wachstum erlebt. Das fällt höchstwahrscheinlich mit dem zunehmenden Mass an Rebellion gegenüber Gott zusammen, das sich auf der Erde verbreitet hat.

Wie der Herr, die Propheten und alle Apostel uns gewarnt haben, stellt Gesetzlosigkeit eines der grössten Übel am Ende dieses Zeitalters dar. Gesetzlosigkeit ist im Grunde genommen eine Verachtung von Autorität. Alles beginnt mit der Missachtung der Autorität Gottes. Wenn Gott nicht als moralische Kraft hinter einer Regierungsautorität steht, kann diese nur noch durch immer stärkere Ketten von Angst und Kontrolle regieren. Freiheit und Demokratie haben ohne die Furcht Gottes, welche ihnen als moralisches Prinzip den Rücken stärkt, keinen Bestand,. Während die Gesetzlosigkeit und Gottlosigkeit in der Welt immer weiter zunehmen, werden die Orte, an denen der Herrschaftsbereich der Autorität des Reiches Gottes aufgerichtet wird, zu den einzigen Bereichen werden, an denen man noch wahren Frieden finden kann.

Es ist auch eine sehr wichtige Bestimmung der Gemeinde, die staatliche Autorität mit unserer moralischen Autorität zu unterstützen. Das ist nur durch die Kraft der Wahrheit möglich. Auf Grund unserer Achtung dem Herrn und seiner Autorität gegenüber werden wir alle gesetzgebende Autorität achten und diesen Respekt weitergeben. Ob es sich um einen Lehrer, einen Manager bei der Arbeit, einen Polizeibeamten, Bürgermeister oder um den Präsidenten handelt, sollten wir stets jeder Autorität die Würde und den Respekt zollen, die sie verdient haben, weil sie «Gottes Diener» sind. Wenn wir dies tun, werden wir entdecken, dass es einer der wichtigsten Wege ist, auf dem wir selbst Frieden finden und von unserer Furcht und Angst befreit werden können.

Kapitel 20

Der Kampf um das Leben

Da wir nun die beiden unterschiedlichen Autoritätsbereiche zumindest oberflächlich beleuchtet haben, wollen wir einen genaueren Blick darauf werfen, welche Anwendung sie in einer der grössten geistlichen Schlachten finden, die heute auf dieser Welt ausgefochten werden – im Kampf um die Abtreibung. Die Seite, die in diesem Konflikt den Sieg davonträgt, wird eine der wichtigsten Schlachten unserer Zeit für sich entschieden haben. Daher ist es angemessen, wenn sich die Gemeinde mit all ihrer Kraft in diesem Kampf einsetzt. Es ist unmöglich, sich in angemessener Weise mit geistlicher Kampfführung zu befassen, ohne dabei auf dieses Thema zu stossen. Aber wenn wir im falschen Geist «gewinnen» oder über unseren rechtmässigen Herrschaftsbereich hinausgehen, kann das zu einer vernichtenden Niederlage sowohl für das Evangelium wie auch für das Leben führen.

Wenn es eine noch drastischere Offenbarung der menschlichen Verderbtheit gibt, als sie sich in der Einrichtung der Sklaverei zeigt, so ist sie in der Abtreibung zu finden. Ganz gleichgültig, wie viele Gesetze erlassen werden, um dieses grosse Übel zu legalisieren, sind die Naturgesetze schon längst verabschiedet und festgeschrieben. Die Natur selbst zeigt uns, dass Abtreibung die wahrscheinlich niedrigste Lebensform ist, in welche die verderbte Menschheit bislang gefallen ist. Selbst die wilden Tiere sind instinktiv dazu bereit, ihr eigenes Leben zu opfern, um ihre Jungen zu schützen; aber wir haben offensichtlich keinerlei Probleme damit, unsere Kinder aus den fadenscheinigsten Gründen der Bequemlichkeit und Selbstsucht zu opfern. Während wir um die Wale und Schnee-Eulen trauern, schlachten wir gleichzeitig unsere eigenen kleinen, hilflosen und unschuldigen Kinder auf die grausamste und unmenschlichste Weise ab. Das ist eine Tragödie von monumentalen Ausmassen. Die Art, wie die Gemeinde diesem grossen Übel entgegentritt, kann zu einem ihrer grössten Siege oder einer ihrer grössten Niederlagen werden, weil noch mehr Leben für alle Ewigkeit verloren gehen.

Erweckung ist im Allgemeinen Gottes erster Versuch, Gnade statt Gericht zu zeigen. Das erste «Grosse Erwachen» in den Vereinigten Staaten begann kurz vor dem Unabhängigkeitskrieg. Es wäre eine Möglichkeit gewesen, diesen Krieg zu vermeiden, der in beiden Ländern grössere Zerstörung anrichtete, als in den Geschichtsbüchern berichtet werden kann. Das letzte «Grosse Erwachen», das Amerika erlebte, lag unmittelbar vor dem Bürgerkrieg. Der Herr hatte dieses Erwachen geschenkt, um dadurch den Bürgerkrieg zu verhindern. Wenn diese Erweckung weiter auf Kurs geblieben wäre, hätte sie mit grosser Sicherheit auch ohne das grösste Blutvergiessen, das dieses Land jemals gesehen hat, zum Ende der Sklaverei geführt. Als die politischen Eiferer dieser Zeit, die Befürworter der Abschaffung der Sklaverei, diese Erweckung von ihrem Weg abbrachten, war das Schicksal der Nation besiegelt, und das Blutvergiessen war unvermeidlich geworden.

Die Befürworter der Abschaffung der Sklaverei gehörten zu den mutigsten Menschen mit der grössten Wahrheitsliebe und Aufopferungsbereitschaft im ganzen Land. Die meisten von ihnen waren Christen, und alle waren echte Patrioten. Aber gleichzeitig liessen sie sich zu Extremen hinreissen, und sie wurden vom Sturm ihrer Ungeduld getrieben. Es steht völlig ausser Frage, dass sie edle Ziele verfolgten, aber die Mittel, die sie einsetzten, führten ins Verderben. Sie hatten das Wesen der Weisheit von oben nicht verstanden, wie es in Jakobus beschrieben wird:

> *Wer ist weise und verständig unter euch? Er zeige aus dem guten Wandel seine Werke in* ***Sanftmut der Weisheit****.*
>
> Jakobus 3,13; Elb.

Die Weisheit von oben aber ist aufs erste rein, sodann friedsam, gütig, folgsam, voll Barmherzigkeit und guter Früchte, unparteiisch, ungeheuchelt.
Die Frucht der Gerechtigkeit aber wird in Frieden denen gesät, die Frieden stiften.

Jakobus 3,17–18; Elb.

Die Befürworter der Abschaffung der Sklaverei hatten sich die richtigen moralischen Ziele gesetzt, aber sie versuchten, diese Ziele mit den falschen Mitteln zu erreichen. Sobald wir das tun, werden wir immer von der «Weisheit von oben» abweichen und ein Wesen an den Tag legen, das dem unseres Retters gerade entgegengesetzt ist. Eifer ist die Weisheit eines Judas Ischariot, der gemeint hatte, er könnte den Herrn dazu zwingen, die Autorität zu ergreifen und sein Reich auszurufen. Solche politische Manipulation entspringt immer dem Geist des Bösen, ganz gleichgültig, welche Ziele diejenigen verfolgen, die sie einsetzen. Das Reich Gottes wird niemals auf diese Weise kommen.

Eine der wichtigsten Entscheidungen, vor denen die Gemeinde zu dieser Zeit steht, ist diejenige, ob wir unsere politischen Ziele erreichen oder das Reich Gottes kommen sehen wollen. John Brown (aus dem berühmten «John-Brown-Überfall») wurde von vielen, sich selbst eingeschlossen, für einen Propheten gehalten. Es gibt auch heute noch viele in der Gemeinde, die unter genau dem gleichen Geist leben. Sie setzen andere unter Druck, verfrüht zu handeln und fleischliche Waffen einzusetzen, um geistliche Festungen anzugreifen. Sie üben mit dem Argument Druck aus, dass Tag für Tag soundsoviele Babys durch Abtreibung verloren werden. Das ist eine Wahrheit, die uns nicht unberührt lassen darf; aber diese Mittel werden nicht dazu führen, dass weniger Abtreibungen vorgenommen werden, und sie können letzen Endes zu noch mehr Blutvergiessen führen, als wir uns jetzt vorstellen können.

Jedes Mal, wenn geistliche Menschen versucht haben, ihre Autorität im staatlichen Bereich durchzusetzen, ohne an eine solche Position berufen zu sein, sind sie fast ausnahmslos zu

Extremisten geworden, die letzten Endes nur ihrer eigenen Sache geschadet haben. Die Menschen, die in diese Falle tappen, gehören für gewöhnlich zu den grössten Eiferern für den Herrn und seine Pläne. Aber Eifer ohne demütige Unterordnung unter den Heiligen Geist wird leicht zu einem nützlichen Werkzeug in der Hand des Feindes. Wenn er auf jemanden stösst, den er nicht aufhalten kann, wird er stets versuchen, ihn zu weit zu treiben. Leider ist das bei den Eiferern häufig sehr einfach. Sobald es dem Feind gelingt, Menschen in einen Bereich hineinzudrängen, in den sie nicht berufen sind, ist es ihm in dem Moment, in dem sie über die Gnade hinausgehen, die sie empfangen haben, möglich, sie als höchst effektive Waffen in seiner Hand zu gebrauchen.

Wir müssen endlich die Erwartung aufgeben, dass die Regierung unsere Aufgaben für uns erledigen wird. Der Herr erhört Gebet, und er hat mehr Macht als Präsident, Kongress und Oberster Gerichtshof zusammengenommen! Die Frage der Abtreibung hat immer noch das Potenzial, Amerika und die westliche Welt in einer Weise zu spalten, wie es seit dem Bürgerkrieg nicht mehr der Fall war. Gebet kann eine Erweckung auslösen, die das verhindern kann. Wenn sie nicht von Eiferern auf Abwege geführt wird, wird diese Erweckung die Kraft haben, Abtreibung abzuschaffen und sie durch die grösste Wertschätzung für das Leben zu ersetzen, die unsere Zivilisation jemals erlebt hat.

Das Geschichtsbuch Gottes

Das «Buch des Lebens» ist das Geschichtsbuch Gottes. Es unterscheidet sich sehr stark von der menschlichen Geschichtsschreibung. In der Geschichtsschreibung Gottes zählen viele Männer und Frauen zu den grossen Helden, von denen die Welt noch nie gehört hat. Diese betenden Heiligen hatten Autorität bei Gott, und sie konnten für die Menschheit und den Zustand der Menschen sehr viel mehr erreichen als jeder Präsident, Premierminister oder König je zuvor. Die betenden Heiligen haben mehr Sklaven befreit als Wilberforce und Lincoln zusammen – und sie haben ihnen eine Freiheit erkauft, die noch viel grösser war! Deshalb sagte der Herr auch in Lukas 10,18–20:

> *... Ich sah den Satan wie einen Blitz vom Himmel fallen.*
> *Seht, ich habe euch die Vollmacht gegeben, auf Schlangen und Skorpione zu treten und die ganze Macht des Feindes zu überwinden. Nichts wird euch schaden können.*
> *Doch freut euch nicht darüber, dass euch die Geister gehorchen, sondern freut euch darüber, dass eure Namen im Himmel verzeichnet sind.*

Es ist wunderbar, Autorität über alle Macht des Feindes zu haben. Aber es ist noch grossartiger, im Geschichtsbuch Gottes zu stehen – im «Buch des Lebens». Es wird uns gelingen, in seinem Buch Geschichte zu schreiben, wenn wir unter der Autorität seines Buches leben, ohne der Versuchung zu erliegen, nach einer menschlichen Autorität zu leben. Was kann es uns nützen, allen Menschen bekannt zu sein, solange wir bei Gott nicht bekannt sind? Es ist viel besser, Einfluss bei Gott zu haben, als nach Einfluss bei allen Menschen zu suchen. Jesus selbst hat uns gewarnt:

> *Nicht jeder, der zu mir sagt: Herr! Herr!, wird in das Himmelreich kommen, sondern nur, wer den Willen meines Vaters im Himmel erfüllt.*
> *Viele werden an jenem Tag zu mir sagen: Herr, Herr, sind wir nicht in deinem Namen als Propheten aufgetreten und haben wir nicht mit deinem Namen Dämonen ausgetrieben und mit deinem Namen viele Wunder vollbracht?*
> *Dann werde ich ihnen antworten: Ich kenne euch nicht. Weg von mir, ihr Übertreter des Gesetzes!*
>
> Matthäus 7,21–23

In der Natur ist die Erhaltung des Lebens der grundlegendste und stärkste Trieb. Deshalb ist die Familiengründung – ausser bei einigen wenigen primitiven Arten – der wichtigste Lebensantrieb. Es war kein Zufall, dass die erste Prüfung für Salomos Weisheit darin bestand, einer Mutter zu helfen, die Unantastbarkeit des Lebens zu schützen. Der erste Test der Weisheit einer jeden Regierung ist ihre Hingabe an die Unantastbarkeit des Lebens.

Nur weil eine Sache gesetzlich erlaubt ist, bedeutet das noch lange nicht, dass sie richtig ist. Wie wir bereits gesagt haben, gibt es grundlegende Gesetze in der Natur, die wesentlich grössere Weisheit widerspiegeln, als Politiker sie je nachweisen konnten. Wahre Moralität kann sich nicht nur daran messen, dass die Gesetze eingehalten werden. Wahre Moralität bedeutet, dass wir das tun, was richtig ist. Ja, jede Zivilisation, die nicht auf festen Gesetzen gegründet ist, ist der Gefahr von Gewaltherrschaft und Tyrannei ausgesetzt. Aber zugleich hat jede Zivilisation, der es nicht gelingt, über das blosse Gesetz hinauszugehen, sondern nur nach dem lebt, was den Gesetzen entspricht, und die nicht länger das tut, was moralisch richtig ist, ihre Menschlichkeit und ihr Potenzial für wahre Grösse verloren. Gesetzlosigkeit führt immer zu Tyrannei. Die Unfähigkeit, über das blosse Gesetz hinauszugehen, führt ebenfalls zu Tyrannei. Die Erhaltung des Lebens ist sowohl für die Natur als auch für die Moral von grundlegender Bedeutung.

Eltern, die ihre Nachkommen opfern, hätten selbst im Tierreich Schwierigkeiten, angenommen zu werden. Es kann weder Frieden in unseren Gedanken noch Frieden auf dieser Erde geben, solange das Leben nicht höher geschätzt wird als jede Form von selbstsüchtigem Ehrgeiz oder Bequemlichkeit. Es ist nicht nur unnatürlich, wenn eine Mutter ihr Kind tötet, sei es bereits geboren oder noch nicht, sondern es zeigt auch auf, wie grundlegend wir uns bereits von der Zivilisation entfernt haben, sodass wir uns dem Barbarentum in seiner niedrigsten und unmenschlichsten Form zugewandt haben. Wenn wir die Frage der Abtreibung lösen, haben wir dadurch auch die Möglichkeit, der Welt einen Hinweis zu geben, wie sie zu einem höheren Standard von Moralität, Gerechtigkeit und Wertschätzung für das Leben finden kann. Wenn es uns aber nicht gelingt, dieses Thema mit Mut und Würde zu lösen, sondern nur mit Hilfe des Gesetzes, wird es unserem Fundament mit Sicherheit einen gewaltigen Riss zufügen und letzten Endes zur fürchterlichsten Form der Tyrannei führen. Einen anderen seines Lebens zu berauben, stellt das schlimmste Verbrechen gegen diese Person dar; und der Kampf um die Frage der Abtreibung kann sehr wohl die entscheidende moralische Schlacht unserer Zeit sein.

Wie wir bereits gesagt haben, steht es völlig ausser Frage, dass sich die Gemeinde an diesem Kampf um das Leben beteiligen sollte, ob es dabei um Abtreibung, Sterbehilfe oder andere Themen geht, wie sie zurzeit im Bereich der Biogenetik diskutiert werden. Die Frage dabei lautet: «Unter welchem Autoritätsbereich werden wir uns diesen Themen zuwenden?», und: «Werden wir die Autorität untergraben, die uns gegeben ist, indem wir versuchen, das Richtige im falschen Bereich zu tun?»

Das Fundament der Autorität

Geistliche Autorität kommt vom Heiligen Geist, und er ist der Geist der Wahrheit. Er wird nur diejenigen mit seiner Autorität ausstatten, die in der Wahrheit leben, die das leben, was sie predigen. Wie können wir Steine auf eine Mutter werfen, die ihr Kind abgetrieben hat, während wir gleichzeitig unsere eigenen Kinder auf den Altären unserer nichtigen Götter von selbstsüchtigem Ehrgeiz und persönlichem Erfolg opfern? Wie könnte selbst unser grösster geschäftlicher Erfolg als irgendetwas anderes betrachtet werden als ein tragisches menschliches Scheitern, wenn wir dabei die Seelen unserer eigenen Kinder verlieren? Wer kann die «erfolgreichen» christlichen Geschäftsleute, Sportler, Trainer und sogar Gemeindeleiter zählen, die alle ihre Ziele erreicht haben, aber nun erkennen müssen, dass sie alles dafür geben würden, nur um ihre Familien zurückzubekommen? Der erste Zustand, den Gott als nicht gut erklärte, war der, dass «der Mensch alleine» war – und das ist auch heute noch nicht gut. Aber das ist genau der Ort, an dem wir enden werden, wenn wir unseren Familien nicht die Priorität einräumen, die sie verdienen.

Geistliche Abtreibung

Im Jahre 1989 machte ich eine Erfahrung, in der die Gegenwart Gottes mein Hotelzimmer erfüllte. In dieser Erfahrung wurde ich Zeuge des Zornes Gottes über die Abtreibung. Zu meiner grossen Überraschung war sein Zorn aber auf die Gemeinde gerichtet und nicht auf die Heiden. Er erklärte, wenn die Gemeinde nicht den *geistlichen Samen* abgetrieben hätte, den er in sie hineingepflanzt hatte – für Mission, Einsätze, bis hin zum einfachsten Zeugnis vor unseren Nachbarn –, würden die Heiden nicht in solcher Finsternis leben, und sie würden auch nicht ihren *natürlichen Samen* abtreiben. Er sagte, dass die Gemeinde seinen geistlichen Samen aus den gleichen Gründen abtrieb, aus dem die Heiden ihre ungeborenen Kinder abtrieben – auf Grund unserer Selbstsucht. Diese «Kinder» würden uns nämlich viel Geld kosten; und wir dachten, wir könnten uns das weder leisten, noch wollten wir ihnen unsere Zeit opfern. Gott hat immer wieder bekräftigt, dass wegen des Übels der Abtreibung Gericht über unser Land hereinbrechen würde; aber zuallererst beginnt er mit seinem eigenen Haus!

Wie viele dieser jungen Frauen würden heute überhaupt keine Abtreibung benötigen, wenn wir dem Heiligen Geist gehorsam gewesen wären, als er zu uns sprach, dass wir ihnen Zeugnis geben sollten? Es ist endlich an der Zeit aufzuhören, auf die Äste einzuschlagen, und anzufangen, die Axt an die Wurzel des Baumes zu legen! Abtreibung ist ein grosses Übel, aber sie ist nur eines der Symptome für die schreckliche Krankheit, an der die Menschheit leidet: die Sünde.

Der Abtreibung muss Einhalt geboten werden; aber das ist eine Aufgabe, die weit über die Kräfte jeder Regierung hinausgeht. Das soll keine Entschuldigung dafür sein, dass unsere Regierung es noch nicht einmal versucht hat; aber das Einzige, was Abtreibung in unserem Land jetzt noch zurücktreiben kann, ist eine Erweckung vom Ausmass eines neuen «Grossen Erwachens». Als Christ investiere ich den grössten Teil meiner Kraft in Gehorsam, Gebet und das Streben nach Erweckung. In einer Atmosphäre von Erweckung können effektive Gesetze verabschiedet werden, die dazu beitragen werden, dieses Übel zu bekämpfen, wie auch die Erweckungen unter Finney zum Kampf unserer Regierung gegen die Sklaverei beigetragen haben. Ohne Erweckung wären genau die gleichen Gesetze völlig wirkungslos – die Leute würden einfach die Gesetze auf so breiter Ebene brechen, dass die Regierung ihnen gegenüber völlig machtlos wäre.

Es ist gerade jetzt von absolut grundlegender Bedeutung, dass die Gemeinde über ihre eigenen Sünden Busse tut; anschliessend muss sie die Quelle ihrer Macht erkennen, wenn sie irgendetwas Massgebliches im Hinblick auf Abtreibung oder jeden anderen Bereich erreichen will:

> *Die Waffen, die wir bei unserem Feldzug einsetzen, sind nicht irdisch, aber sie haben durch Gott die Macht, Festungen zu schleifen; mit ihnen reissen wir alle hohen Gedankengebäude nieder, die sich gegen die Erkenntnis Gottes auftürmen. Wir nehmen alles Denken gefangen, sodass es Christus gehorcht;* ***wir sind entschlossen, alle Ungehorsamen zu strafen, sobald ihr wirklich gehorsam geworden seid****.*
>
> 2. Korinther 10,4–6

Sobald wir ganz gehorsam sein werden, werden wir auch die Autorität haben, uns mit «allem Ungehorsam» zu befassen – nicht nur in Form von Demonstrationsveranstaltungen, sondern in der Demonstration der Kraft, die weitaus mehr bewirken kann.

Zusammenfassung

Weshalb habe ich mich so intensiv mit den Unterschieden zwischen geistlicher und staatlicher Autorität befasst? Weil die Gemeinde die ihr für die letzte Zeit gestellte Aufgabe nur dann bewältigen kann, wenn sie diese Frage eindeutig geklärt hat. Sonst wird sie sich ständig durch eine Vielzahl von unwichtigeren Zielen von ihrer endgültigen Berufung ablenken lassen. Damit möchte ich aber nicht die Bedeutung von irgendeinem anderen Anliegen herabsetzen; es geht mir vielmehr darum, den einzigen Weg zu betonen, wie sich die Gemeinde wirksam diesen Dingen entgegenstellen kann. Wenn wir Zeit, Geld und andere Ressourcen darauf verwenden würden, uns nach Salbung auszustrecken, statt nach Einfluss auf der menschlichen Ebene zu streben, würde sich die Welt bereits heute dramatisch von dem unterscheiden, was wir zurzeit noch vor Augen haben. Wenn wir den Unterschied zwischen den beiden Autoritätsbereichen erkannt haben, ist das Licht grenzenlos, das in unsere Zeit hineinströmen wird, und es gibt keinerlei Begrenzung mehr, wie viele Menschen noch gerettet werden können.

Kapitel 21

Der Kampf um moralische Autorität

Wenn wir wirklich glauben, dass die Bibel das Wort Gottes ist, müssen wir erkennen, dass Homosexualität Sünde ist. Deshalb müssen wir uns die Frage stellen: «Soll die Gemeinde Sünde tolerieren?» An dieser Stelle wird das Ganze etwas schwierig. Die meisten von uns haben mit dem einen oder anderen Problem zu kämpfen, das unter die Kategorie «Sünde» fallen würde. «Jähzorn» und «Zwietracht» werden in Galater 5,19–21 in einem Atemzug mit Unzucht, Götzendienst und Zauberei unter den Werken des Fleisches genannt. Wenn wir nun versuchen wollten, alle aus der Gemeinde auszuschliessen, die Probleme mit Zorn haben, wären vielleicht nicht mehr besonders viele Leute übrig.

Aber der Herr hat in der Bibel nicht jede Sünde als «Gräuel» oder «Perversion» bezeichnet, wie er es mit Homosexualität tat. Der Herr nannte nur solche Sünden ein Gräuel, die besonders pervers und zerstörerisch waren. Homosexualität gehört in genau diese Gruppe. Der Herr hat Sodom um dieser Sünde willen vernichtet; und es kommt der Zeitpunkt, an dem der Herr eine Nation für die Verbreitung dieser Sünde richten wird, weil sie eine so zerstörerische Auswirkung hat.

Paulus bezeichnete Homosexualität in Römer 1,26 als eine Sünde «gegen die Natur». Er prophezeite, dass alle, die ihr verfallen waren, «den ihnen gebührenden Lohn für ihre Verirrung» erhalten würden (Vers 27). AIDS ist ein ganz offensichtliches Beispiel für diesen gebührenden Lohn. Von der Bibel her können wir erkennen, dass die meisten Krankheiten und Plagen ihren Ursprung im geistlichen Bereich haben und ein Ergebnis von weit verbreiteter Sünde sind. Die Symptome oder Kennzeichen der jeweiligen Krankheit spiegeln für gewöhnlich die Sünde wider, die der Auslöser dafür war. AIDS ist eine Krankheit, die zur Zerstörung des Immunsystems oder des Verteidigungsmechanismusses des Körpers führt. Homosexualität und andere Formen der Perversion sind der Grund für den Ausbruch von AIDS, und diese Sünden zerstören auch wirklich die Verteidigungsmechanismen einer Gesellschaft gegen das Böse in allen Formen.

Gott liebt Schwule

Wie sollte die Gemeinde also mit Homosexuellen umgehen? Sie lieben! Sie lieben, weil Gott sie liebt. Er «will, dass alle Menschen gerettet werden und zur Erkenntnis der Wahrheit gelangen» (1. Timotheus 2,4). Gott ist Liebe, und selbst sein Gericht entspringt seiner Liebe – es ist sein letzter Aufruf zur Busse, damit sie gerettet werden. Die Gemeinde wird so lange keine wahre Autorität über dieses Problem haben, bis sie gelernt hat, diejenigen zu lieben, die dieses Problem haben.

Heisst das etwa, dass wir unsere Gemeinden, Schulen und Familien einfach öffnen und dem Einfluss der Homosexuellen aussetzen sollten? Nein. Homosexualität ist eine ernsthafte Bedrohung für die Grundlage unserer Sozialordnung. Sie wird auch zu einer immer unverblümteren Bedrohung für unsere religiöse Freiheit, die wiederum für diese spezielle Sünde die grösste Bedrohung darstellt. Bei alledem müssen wir uns aber im Klaren darüber sein, dass Satan nicht durch Satan ausgetrieben werden kann. Wenn wir die Konfrontation mit dieser Sünde nicht im richtigen Geist angehen, dann verstärken wir nur noch die Macht des Bösen, das wir eigentlich vertreiben wollen. Es mag ein Schock für uns sein, aber die Gemeinde muss über den grossen Anteil Busse tun, den sie an der Ausbreitung der Homosexualität in der Gesellschaft gehabt hat.

Homosexualität und Anbetung

Die immer stärker werdende Öffnung der Gesellschaft für Homosexualität ist die Folge der Tatsache, dass die Gemeinde immer weiter von der wahren Anbetung abgewichen ist. Wie kann das sein? Die Menschen sind von ihrem Wesen her als Anbeter geschaffen worden. Wenn die Menschen nicht in der richtigen Anbetung des Schöpfers leben, werden sie dazu übergehen, die Schöpfung anzubeten. Wie Paulus im ersten Kapitel des Römerbriefes erklärte, ist das einer der Hauptgründe für Homosexualität.

Musik und andere Kunstformen sind dem Menschen geschenkt worden, damit er dadurch seine Anbetung und Verehrung Gottes zum Ausdruck bringen sollte. Wenn wir unsere geistlichen Gaben und natürlichen Talente in der Anbetung einsetzen, ist das die höchste Stufe der Erfüllung, die wir jemals auf dieser Erde erfahren werden. Auf der anderen Seite können wir beobachten, dass gerade viele der begabtesten und talentiertesten Künstler in der Geschichte Homosexuelle waren. Viele von ihnen sind der Homosexualität verfallen, weil es in der Gemeinde keinen Raum für den Ausdruck ihrer Anbetung durch die Kunst gab. Daher wandten sie sich ab und beteten nun die Schöpfung statt des Schöpfers an. Homosexuelle, die von ihrer Sünde befreit werden und den entsprechenden Freiraum erhalten, um die Gaben auszudrücken, die Gott ihnen gegeben hat, können zu den Anbetern mit der grössten Herzensreinheit werden; und sie werden entscheidend dazu beitragen, dass in der Gemeinde erneut wahre Anbetung freigesetzt werden kann.

Damit möchte ich nicht sagen, dass das ganze Problem der Homosexualität vollständig darauf zurückzuführen ist, dass sich die Gemeinde für manche Ausdrucksformen von Anbetung durch die Künste verschlossen hat. Der Löwenanteil am Grund der menschlichen Verderbtheit liegt immer noch in der individuellen Entscheidung des Menschen, lieber die Schöpfung statt den Schöpfer anzubeten. Aber die Gemeinde ist berufen, das Licht der Welt zu sein. Wenn die Welt in immer grössere Finsternis verfällt, dürfen wir nicht unsere Regierungen dafür verantwortlich machen, noch nicht einmal die Gesellschaft als Ganzes, sondern einzig und allein die Gemeinde. Die Antworten auf alle gesellschaftlichen Probleme sind geistlicher Natur, nicht politischer Natur. Wenn wir soziale und moralische Missstände bekämpfen wollen, müssen wir die Wahrheit weitergeben, welche die Menschen frei macht; wir dürfen sie nicht einfach verdammen und ausschliessen.

Homo-sekt-ualität

Es gibt eine «geistliche Homosexualität», von der die Gemeinde vollständig befreit werden muss, wenn wir geistliche Autorität über diese Sünde erlangen wollen. Geistliche Homosexualität bedeutet, dass wir nur mit unseresgleichen Beziehungen eingehen, und das ist Sektierertum.

Eine Wurzel der Homosexualität ist die Furcht vor Ablehnung. Dadurch werden die Menschen immer in die Isolation getrieben, wo sie sich zwanghaft von allen fern halten müssen, die anders sind. Mann und Frau stehen für den grösstmöglichen Unterschied, den es zwischen zwei Menschen geben kann; und fast jeder muss die Furcht vor Ablehnung überwinden, um die Brücke schlagen zu können, damit er eine Beziehung mit einer Person des anderen Geschlechts anfangen kann. Das Gleiche gilt auch für die Gemeinde – die Unsicherheit bei grossen Teilen der Leiterschaft hat sie dazu geführt, sich von Beziehungen zu allen fern zu halten, die anders sind. Das führt zu Sektierertum, was wiederum eine sehr unterschwellige Form von geistlicher Homosexualität darstellt.

Ein wichtiger Schlüssel für die Befreiung aller, die in den Ketten von Homosexualität gefangen sind, liegt darin, sie nicht abzulehnen, sondern sie zu lieben und anzunehmen – nicht ihre Sünde, aber sie als Person. «Die vollkommene Liebe treibt die Furcht aus» (1. Johannes 4,18b; Elb.), und es ist die Furcht, welche sie in Gefangenschaft hält.

Der Dienst unseres Herrn Jesus, der das Modell für jeden wahren Dienst darstellt, war vor allem dadurch gekennzeichnet, dass er ein Freund der Sünder war. Und nicht nur er fühlte sich in ihrer Nähe wohl, sondern, was noch viel erstaunlicher ist: Sie fühlten sich umgekehrt in seiner Nähe ebenso wohl. Jesus verdammte die Sünder nicht, sondern er veränderte sie, indem er sie liebte. Das bedeutet nicht, dass er ihre Sünde nicht konfrontierte; das tat er, aber mit echter Liebe. Diese Tatsache machte es möglich, dass er ihnen die Wahrheit sagen konnte, die sie befreite und die ihnen nicht lediglich weitere Lasten auferlegte.

Wir müssen es lernen, die Sünder so zu behandeln wie Jesus: mit weit geöffneten Armen und einer Antwort für ihre Probleme. Die Antwort besteht nicht darin, sie noch weiter auszustossen, sondern wir müssen uns mit echter Liebe und Hilfe nach ihnen ausstrecken. Wir sollten uns dabei stets vor Augen halten, dass die Mehrheit von ihnen überhaupt nicht diesen extremen Karikaturen entspricht, die wir so oft von ihnen gezeichnet haben, gerade so wie die meisten Christen nicht den Karikaturen entsprechen, für die uns die Nichtchristen so oft halten.

Kann ein Christ liberal sein?

Für manche stellt diese Frage ein noch heikleres Thema dar als der ganze Bereich von Homosexualität. Kann man gleichzeitig Christ und politisch gesehen liberal sein? Viele durchaus ernsthafte Christen würden vielleicht sogar eher die Frage stellen, ob man gleichzeitig ein wahrer Christ und politisch gesehen konservativ sein kann. Es gibt viele entschiedene Christen, die eine politisch liberale Einstellung haben. Leider liegt das häufig daran, dass sie mehr aufrichtige Sorge um die Armen und Bedrückten bei den Liberalen wahrnehmen als bei den konservativen Christen. Ich habe einmal gehört, wie ein Politiker bemerkte, dass er in dem Moment auch mehr auf die Gemeinde hören würde als auf die Liberalen, wenn er erkennen könnte, dass sich Christen mehr um die Bedürftigen und Notleidenden kümmern als die Liberalen. So denken viele Leute.

Winston Churchill hat einmal gesagt: «Wenn ein Mann im Alter von zwanzig nicht liberal gesinnt ist, hat er kein Herz. Wenn er im Alter von vierzig kein Konservativer ist, hat er keinen Verstand.» Die meisten Christen stimmen den Liberalen darin zu, dass wir uns um die Bedürftigen und Notleidenden kümmern müssen; aber sie lehnen die Annahme ab, dass sich die Regierung darum kümmern muss. Sie stellen sogar in Frage, ob sie es überhaupt kann. Die Liberalen halten dagegen, dass dies vielleicht nicht die Aufgabe der Regierung ist, aber wenn dieser Bereich den Christen überlassen bliebe, würde noch viel weniger geschehen. Da haben sie nicht ganz Unrecht. Selbstverständlich gibt es viele Gemeinden und Dienste, die sehr viel für die Armen und Bedürftigen tun, aber die Mehrheit der Christen tut wenig oder gar nichts.

Es gibt Menschen, die wirklich Hilfe brauchen und die ihr ganzen Leben lang darauf angewiesen sein werden. Wie der Herr selbst gesagt hat: «Die Armen habt ihr immer bei euch.» (Matthäus 26,11a) Es ist keine realistische Annahme, dass es uns gelingt, die Armut zu beseitigen, ehe das Reich Gottes anbricht. Gleichzeitig müssen wir auch erkennen, dass die Armen für uns eine Gelegenheit sind, andere zu lieben und ihnen zu helfen, und dass es für uns ein grosses Vorrecht ist, wenn wir dazu in der Lage sind. Wenn wir aber versuchen, diesen Menschen Hilfe durch die Regierung zukommen zu lassen, wird die Hilfe unpersönlich und institutionalisiert, ganz zu schweigen von der Tatsache, dass sie in einem Sumpf von Verschwendung und Ineffektivität versickert, sodass nur ein Bruchteil der Ressourcen tatsächlich bei den Not leidenden Menschen ankommt.

Dies ist ein weit verbreitetes Problem der Regierung. Sobald eine Hilfsorganisation zu einer Institution wird, behandelt sie den Einzelnen nicht länger als Menschen, sondern verstärkt nur noch seine Abhängigkeit von der Institution. Sehr oft waren die Heilmittel der Regierungen und Wohlfahrtsorganisationen für die Probleme der Gesellschaft noch schlimmer, als ihre Krankheiten es je gewesen waren. Aber die Wahrheit bleibt, dass sie nicht einmal versuchen würden, sich dieser Dinge anzunehmen, ja dass noch nicht einmal die Notwendigkeit dazu bestünde, wenn die Gemeinde ihre Aufgabe angemessen erfüllen würde.

Sowohl die Gemeinde als auch die Notleidenden hatten in der letzten Zeit unter dieser Tendenz zu leiden, dass von der Regierung erwartet wurde, die Aufgabe der Gemeinde zu erfüllen, den Armen und Bedürftigen zu dienen. Alle, die das tun, werden in den Augen der Menschen über die moralische Autorität verfügen, moralische Standards aufzurichten und aufrechtzuerhalten. Wir können an dieser Stelle auch auf die Neigung der Regierung hinweisen, auf all unsere Probleme eine Antwort sein zu wollen, weil die Gemeinde ihre Aufgabe weder wahrgenommen noch erfüllt hat. Es ist auch sehr wahrscheinlich, dass die Regierung immer weiter in sozialistische Fantasien verfallen wird, solange sich die Gemeinde nicht endlich erhebt und ihre Aufgabe erfüllt. Die Antwort auf jedes menschliche Problem findet sich am Kreuz. Die Antwort auf jede menschliche Not finden wir in Christus. Die Welt wird so lange weiter in Finsternis und Irrglauben leben, bis die Gemeinde anfängt, ihn allein wieder gross zu machen.

Unsere endgültige Berufung

Die Gemeinde hat eine lange Geschichte, in deren Verlauf sie immer wieder versucht hat, das Reich Gottes mit Macht und Gewalt auf der Erde aufzurichten, ohne den Geist. Aber der Herr hat gesagt: «Was aus dem Fleisch geboren ist, das ist Fleisch; was aber aus dem Geist geboren ist, das ist Geist.» (Johannes 3,6) Selbst wenn wir versuchen, das richtige Ziel zu erreichen, und es nicht durch den Heiligen Geist tun, werden wir nur andere verletzen, anstatt sie zu heilen; und wir werden weitere Spaltungen hervorrufen, statt Versöhnung zu bringen.

Die Kirche, wie sie sich im Laufe der Geschichte entwickelt hat, war berufen, das Evangelium der Rettung in alle Welt zu tragen; aber sie ist für einige der tiefsten Wunden verantwortlich, welche die Menschheit jemals erlitten hat. Ohne Ausnahme lassen sich die Wurzeln dieser tragischen Fehler auf das gleiche Problem zurückführen: Menschen mit guten Absichten haben versucht, den Bereich der staatlichen Macht zu gebrauchen, um geistliche Ziele zu erreichen. Jedes Mal, wenn Menschen versucht haben, geistliche Festungen mit fleischlichen Waffen einzureissen, ist eine fürchterliche Niederlage für das Evangelium dabei herausgekommen. Jeder, der das tut, wird unweigerlich einen anderen Geist einsetzen, um die Ziele Gottes zu erreichen; das Ergebnis davon ist immer, dass die Festungen des Feindes noch gestärkt werden, ganz egal, wie die politischen Folgen aussehen mögen.

Die Welt ist sich dieser besonderen Geschichte der Kirchen und Gemeinden sehr wohl bewusst. Aber es hat den Anschein, als wäre die Gemeinde als Einzige blind für diese Geschichte, sodass jede nachfolgende Generation in die gleichen Fallen getappt ist. Ganz gleichgültig, wie schmerzhaft es auch sein mag, wir müssen unsere Geschichte genau betrachten und die Frucht unserer Methoden und Lehren prüfen, die wir immer wieder aufs Neue angewendet haben.

Im Gegensatz zum allgemein verbreiteten Volksglauben heilt die Zeit keine Wunden; sie heilen nur dann, wenn sie verbunden und verschlossen werden. Die fürchterlichen Wunden, die den Moslems und Juden durch die Kreuzzüge zugefügt wurden, sind bis heute noch offen; und je mehr Zeit vergeht, desto schlimmer werden die Infektionen. Aus diesem Grund werden auch die Sünden der Väter an die Kinder weitergegeben, Generation um Generation. Dabei geht es nicht darum, die Kinder für das zu bestrafen, was ihre Väter getan haben; aber bis sich eine Generation erhebt, um die Sünden anzusprechen, darüber Busse zu tun und die Wunden zu verschliessen, werden die Sünden immer weiter wiederholt werden. Deshalb haben auch die Leiter der grossen Wiederherstellungsbewegungen in der Bibel wie Esra und Nehemia so viel Mühe und Zeit darauf verwandt, die Sünden der «Vorväter» anzusprechen und darüber Busse zu tun.

Der Feind kennt die Macht der Gemeinde, über die sie verfügt, wenn sie sich an den Versöhnungsdienst hingibt. Deshalb versucht er auch beständig, sie von diesem Auftrag abzulenken, und er ist bislang auch äusserst erfolgreich damit gewesen. Irgendwie lässt jede neue Bewegung es immer wieder zu, dass die gleichen Samen der letztendlichen Zerstörung in sie hineingesät werden. Gemeinden, Denominationen, Bewegungen und sogar Einzelpersonen versuchen immer noch, «durch Macht und Kraft» zu überwinden und nicht durch den Geist – und jeder solche Kreuzzug führt nur zu noch grösseren Verletzungen.

Es ist wahr, dass es im Verlauf der Geschichte auch viele grausame Dinge gab, die den Christen von den Moslems, ja sogar von den Juden zugefügt wurden, aber das ist nicht unser Problem. Ganz egal, was uns andere angetan haben: Unsere Fehler waren die schlimmsten von allen, weil wir sie im Namen unseres Retters begangen haben, der gekommen ist, um die Menschen gerade von diesem Übel zu befreien.

Damit die Gemeinde ihre Aufgabe in der letzten Zeit erfüllen kann, benötigt sie weder die öffentliche Meinung noch besonders grosse Zahlen, finanzielle Ressourcen oder politische Macht – *wir brauchen die Gnade und Salbung Gottes*. Weil Gott dem Demütigen Gnade gibt, müssen wir es lernen, jede Gelegenheit zu ergreifen, uns selbst zu demütigen. Einer der besten Wege, wie die Gemeinde dies tun kann, besteht darin, unsere historischen Fehler anzuerkennen und diejenigen um Vergebung zu bitten, die wir so tragisch verfolgt und verletzt haben. In einer solchen Demut liegt aussergewöhnliche Kraft, um alle Hindernisse und Mauern einzureissen, die ganze Völker und Kulturen voneinander getrennt halten, damit der Versöhnungsdienst ganz neu freigesetzt werden kann.

Diese mächtige Waffe der Demut hat uns Jesus am Kreuz gezeigt, wo er die schlimmste Demütigung erlitt, welche die schonungslosen Mächte dieser Welt gegen ihn aufbieten konnten; und dabei tat er es genau für diejenigen, die ihn demütigten und quälten. Im Augenblick seiner grössten Not schrie er nicht nach Vergeltung; er bat für seine Peiniger um Vergebung. Durch die Macht, die durch seine Demut freigesetzt wurde, überwand er die Welt und ihm wurde die Position gegeben, die weit über allen Mächten und Gewalten ist.

Die Bibel besagt ganz eindeutig, dass der Gemeinde in den letzten Tagen dieses Zeitalters eine Position von geistlicher Autorität anvertraut wird, wie sie es noch nie zuvor erlebt hat. Sie braucht diese Autorität, um ihre Aufgabe in der Endzeit zu erfüllen. Der Weg zu dieser erhöhten Position ist Demut. Erst wenn sie sich entsprechend gedemütigt hat, kann ihr diese grosse Autorität übertragen werden.

Bereits von der Zeit an, als es nur zwei Brüder auf der ganzen Welt gab, Kain und Abel, ist es den Menschen nicht gelungen, miteinander auszukommen, und Mord hat vom gefallenen menschlichen Herzen Besitz ergriffen. Bis die endgültige Erlösung kommt, wird uns der Krieg immer begleiten. Der Herr hält jetzt nach einer neuen Generation Ausschau, die bereit ist, sich zu demütigen und zu beten, das Angesicht des Herrn zu suchen und sich von ihren bösen Wegen abzuwenden. Dann wird der Herr vom Himmel her hören und unser Land heilen. Sobald diese Heilung nach Jerusalem gekommen ist und die Herzen der Juden mit der Gnade und Wahrheit berührt, die durch Jesus Christus geschenkt sind, wird das grosse Werk dieses Gemeindezeitalters vollendet sein. Dann werden wir wissen, dass die Braut bereit ist und alle Flecken ausgelöscht wurden.

Zusammenfassung

Jede Autorität hat ein Fundament. Geistliche Autorität ist auf einem geistlichen Fundament erbaut, und moralische Autorität ist auf einem moralischen Fundament erbaut. Was die Gemeinde entweder durch unseren Gehorsam oder unsere Sünde im Himmel freisetzt, wird auch auf der Erde freigesetzt. Ich habe Themen wie Abtreibung, Homosexualität und anderen Sünden unserer Zeit angesprochen, weil die Gemeinde niemals in der Lage sein wird, das Licht zu sein, das diese Finsternis überwindet, solange wir nicht alle auf diesem festen Fundament gegründet sind. Sobald die Wurzeln dieser tragischen Sünden aus der Gemeinde entfernt sind, werden wir auch über die geistliche und moralische Autorität verfügen, die uns ein Licht tragen lässt, das von keiner Finsternis mehr überwunden werden kann.

Kapitel 22

Wie geht es weiter?

Selbst wenn dieses Buch bereits umfangreicher geworden ist, als ich es eigentlich vorgehabt hatte, stellt es doch nur eine oberflächliche Studie dieses Themas und vieler der unterschiedlichen «Festungen» dar, die wir besprochen haben. Es gibt noch viele andere Täuschungen und Gedankenfestungen, die der Feind gegen uns ins Feld führt. Ich habe mich besonders mit den hier aufgeführten Themen befasst, weil sie die grundlegenden Ursachen für Täuschung darstellen. Wenn wir das verstehen und davon frei werden, werden wir die übrigen auch sehr schnell und leicht erkennen und davon befreit werden.

Für ein weiterführendes Studium von geistlichen Festungen möchte ich das Buch von Francis Frangipane, *Geistlicher Kampf auf drei Ebenen (The Three Battlegrounds)*, wärmstens empfehlen. Vielen halten es für das beste Buch, das jemals über geistliche Kampfführung geschrieben wurde; und ich möchte dem insoweit zustimmen, dass es auf jeden Fall das beste Buch ist, das ich darüber gelesen habe.

Im Verlauf des vorliegenden Buches habe ich versucht, Ihnen ein Verständnis der Herrlichkeit des Herrn und seiner Wahrheit zu vermitteln und gleichzeitig die Pläne des Feindes zu beleuchten. Es muss stets unser erstes Ziel bleiben, den Herrn zu kennen, seine Herrlichkeit zu sehen und in sein Bild verwandelt zu werden. Wir stehen während der gesamten Zeit, die wir hier auf der Erde verbringen, in einem Kampf, und ich konnte noch nirgendwo in der Bibel auch nur einen einzigen Hinweis darauf finden, dass wir die Waffenrüstung Gottes wieder ablegen sollen. Aber wir dürfen dabei niemals die Tatsache aus dem Auge verlieren, dass wir in erster Linie als Anbeter berufen sind, die Gott im Geist und in der Wahrheit anbeten.

Wir sind zugleich auch Kämpfer. Aber das ist nicht unsere erste Berufung. Unsere erste Berufung ist es zu lieben – Gott zu lieben und einander zu lieben. Wie wir auch in 1. Korinther 13,8 lesen: «Die Liebe hört niemals auf ...» Wenn wir in der Liebe leben, werden wir jeden Kampf gewinnen. Jeder Angriff des Feindes und alle seine bösen Gedankenfestungen dienen einzig und allein dem Zweck, uns davon abzubringen, Gott und einander zu lieben. Wir dürfen niemals vergessen, dass Liebe eine Waffe ist, die wir immer bei uns behalten und beständig einsetzen müssen, da sie niemals überwunden werden kann.

Wir müssen auch immer wieder neu den Entschluss fassen, in der Wahrheit zu leben. Wir müssen unser Leben auf die Hingabe an das Wort Gottes gründen. Sein Wort ist wahr, und genau so wie das «Fleisch gewordene Wort» – Jesus – sich auf das geschriebene Wort Gottes berief, als er vom Teufel in Versuchung geführt wurde, müssen auch wir das Gleiche tun. Wenn wir in der Wahrheit leben, müssen auch unsere eigenen Worte wahr sein. Es ist wirklich ganz einfach: Lügen kommen immer vom Teufel, denn er ist der Vater der Lüge. Wenn wir nicht wollen, dass er irgendein Anrecht an unserem Leben hat, müssen wir uns vollständig der Wahrheit verschreiben. Wenn wir als Söhne und Töchter des Königs der Könige offenbart werden wollen, müssen wir so leben, dass wir dieser hohen Berufung würdig sind; das heisst, wir müssen in allen Dingen in einem Höchstmass von Integrität leben.

Die Pläne des Feindes zu erkennen, ist der grösste Teil der Schlacht, aber es ist noch nicht die ganze Schlacht. Wir müssen unseren Platz einnehmen und dem Feind widerstehen, bis er vor uns flieht. Wenn der Angriff gegen Sie persönlich gerichtet ist, können Sie dies persönlich tun. Wenn der Angriff eher öffentlicher Natur ist, wie zum Beispiel gegen Ihre Gemeinde, dann müssen Sie vielleicht auch öffentlich aufstehen.

Dem Bösen widerstehen

Vor einigen Jahren erhielt ich einen Anruf von einem befreundeten Propheten namens Bob Jones, der mir von einer Vision berichtete, die mich und unseren Dienst, MorningStar, betraf. Er sah unseren Dienst wie ein Kriegsschiff, und ich stand auf der Kommandobrücke. Er sah, wie der Feind sich mit einem U-Boot näherte, das drei Torpedos auf uns abschoss. In der Vision hatten alle drei Torpedos Namen; der erste hiess: «Beschuss durch eigene Truppen», der nächste: «Medien», und der letzte: «Zauberei». Alle drei Geschosse schlugen in unserem Schiff ein und erschütterten es. Aber keinem gelang es, wirklichen Schaden anzurichten, sondern sie «polierten» uns lediglich etwas auf, da sie alle tote Farbe abblättern liessen.

In seiner Vision sah Bob, dass ich so darauf konzentriert war, vorauszuschauen, dass ich mich gar nicht weiter um die Angriffe kümmerte. Das war eine Warnung. Er sagte mir, dass ich mich als Kapitän des Schiffes um diese Angriffe kümmern müsste. Ich behielt diese Warnung im Gedächtnis, und heute bin ich sehr froh, dass ich es tat.

Nicht lange, nachdem Bob mir von seiner Vision erzählt hatte, erlebten wir, wie sich einige Leute, die sehr schnell zu den besten Freunden unseres Dienstes geworden waren, ebenso schnell wieder von uns abwandten. Sie verbreiteten einige wilde und vollkommen gegenstandslose Beschuldigungen gegen uns und behaupteten, sie hätten diese Dinge von einem Mann gehört, den wir für einen unserer geistlichen Väter halten. Ich ging zu diesem Mann, um mir bestätigen zu lassen, was ich ohnehin bereits wusste: nämlich dass er niemals solche Dinge über uns gesagt hatte, noch sie jemals sagen würde. Aber unsere Freunde, die sich inzwischen wie Feinde verhielten, liessen sich davon nicht abschrecken. Daher brachte ich die Angelegenheit vor unsere örtliche Gemeinde, die ebenfalls davon betroffen war. Ich versuchte dabei, so viel Gnade wie möglich walten zu lassen; aber ich sprach das Thema und die falschen Beschuldigungen direkt an. Die Beschuldigungen hörten sofort auf, und was zuvor eine ungeheure Entmutigung gewesen war, wurde nun zu einer Quelle von Frieden und Zuversicht für unsere Leute.

Dann traf uns der zweite Torpedo. Es handelte sich dabei um einen Artikel über mich selbst und unseren ganzen Dienst, der in einer christlichen Zeitschrift erschienen war. Nachdem wir vergeblich versucht hatten, den Herausgeber der Zeitschrift dazu zu bewegen, die Ungenauigkeiten und fehlerhaften Aussagen über uns zu korrigieren, habe ich eine Gegendarstellung gestartet. Und wieder war es so, dass das, was zunächst wie ein vernichtender Schlag ausgesehen hatte, zum Positiven gewendet wurde.

Der letzte Angriff, von Zauberei, erfolgte auf die offenkundigste Art, die mir jemals in einer örtlichen Gemeinde begegnet ist. Es waren tatsächlich Leute in unsere Stadt gezogen, die es sich öffentlich zum Ziel gesetzt hatten, «MorningStar zu stürzen». Eine grosse, international agierende Newage-Gruppierung begann, das Gerücht auszustreuen, sie würden uns aus der Stadt vertreiben. Aber die erstaunlichsten Manifestationen, die bei diesem Angriff sichtbar wurden, kamen von Mitgliedern unserer eigenen Gemeinde, die früher bereits Probleme mit Zauberei gehabt hatten. Eine Decke der Depression schien sich auf unseren ganzen Dienst gelegt zu haben, die so dick war, dass selbst unsere besten Leute am liebsten aufgegeben hätten. Es kam sogar an den Punkt, an dem ich mir überlegte, wie viel einfacher doch mein Leben ohne diese ganzen Gemeinden oder sogar ohne diesen geistlichen Dienst wäre, da ich allein durch die Bücher, die ich schreibe, ganz gut leben kann. Und wieder nahm ich öffentlich meine Position ein, und der Angriff wurde beinahe umgehend abgewehrt.

Zuerst ging ich zu den einzelnen Mitgliedern unserer Gemeinden, die an der ganzen Sache beteiligt waren, und warnte sie, dass ich sie, wenn sie nicht öffentlich über ihre Machenschaften Busse täten, öffentlich darauf ansprechen würde. Sie waren nicht bereit, Busse zu tun, daher sprach ich die Sache am folgenden Sonntagmorgen an; und diejenigen, die es betraf, sassen dabei vorne in der ersten Reihe. Es war, als würde ein dunkles, nasses Tuch von unserer Gemeinde weggezogen. Mit einem Mal begannen die Geistesgaben wieder zu fliessen; Vision, Zielbewusstsein und Eifer für den Herrn und seine Pläne kehrten sehr schnell zurück.

Worauf ich an dieser Stelle hinauswill, ist die Tatsache, dass ich jedem einzelnen Angriff widerstehen musste, indem ich ihn konfrontierte. Ich habe sonst eher die Neigung, auf diese Dinge nur wenig zu achten, da sie mir persönlich nicht allzu viel ausmachen. Aber jetzt weiss ich, dass es, wenn ich nicht auf die Warnung aus Bobs Vision gehört hätte, viele unnötige Verletzte gegeben hätte.

Es gibt eine Zeit, wo wir demjenigen, der uns schlägt, die andere Wange hinhalten; und es gibt eine Zeit, in der wir aufstehen müssen, um uns selbst zu verteidigen. Der Apostel Paulus besass die Weisheit, sich gegen seine Ankläger und Kritiker zu verteidigen; und er ersparte dadurch der Gemeinde die Spaltung, in die der Feind sie eigentlich hatte hineinführen wollen, indem er Paulus und seine Botschaft angriff.

Paulus antwortete nicht nur auf die persönliche Ablehnung, sondern er antwortete um der Gemeinde willen. Wenn ich diese Angriffe zu persönlich genommen hätte, glaube ich nicht, dass ich angemessen hätte reagieren können; ich hätte die Angriffe sogar noch schlimmer machen können. In diesem Zusammenhang habe ich gelernt, die Angriffe, die als eine Disziplinierungsmassnahme vom Herrn kommen und die ich einfach mit Liebe bedecken muss, von denen zu unterscheiden, auf die ich um all derer willen reagieren muss, die meiner Obhut anvertraut sind.

Wie Jesus in Matthäus 12,28 sagte: «Wenn ich aber die Dämonen durch den Geist Gottes austreibe, dann ist das Reich Gottes schon zu euch gekommen.»

Wir müssen uns dabei stets vor Augen halten, dass unsere Position im Reich Gottes durch die Frucht des Geistes bestimmt wird. Wenn ich auf einen Angriff im falschen Geist reagiere, dann verstärke ich nur das Böse, das ich eigentlich austreiben will. Erst als ich wusste, dass ich noch eine tiefe innere Zuneigung zu den Menschen verspürte, die uns angriffen, und dass ich mich sowohl nach ihrer Freiheit von den Angriffen des Feindes sehnte wie nach unserer eigenen, ging ich mit der ganzen Sache an die Öffentlichkeit. Ich habe auch stets versucht, die öffentliche Korrektur so grosszügig und versöhnlich wie möglich für die Betroffenen durchzuführen, weil unser Kampf nicht gegen Fleisch und Blut gerichtet ist, sondern gegen geistliche Mächte, die zum einen oder anderen Zeitpunkt schon alle von uns benutzt haben.

Das bringt uns wieder an den Punkt, an dem wir erkennen müssen, dass die Liebe die Grundlage von allem ist, was wir tun. Wenn wir die Liebe als unser Fundament bewahren, können wir gewiss sein, dass die Liebe «nie aufhört» und dass wir stets im Sieg leben werden. Wir müssen uns immer daran erinnern, dass «das Ziel der Unterweisung ... Liebe aus reinem Herzen, gutem Gewissen und ungeheucheltem Glauben» ist (1. Timotheus 1,5).

ZEITSCHRIFTEN

WEITERES AUS DEM SCHLEIFE-VERLAG

PROPHETISCHES BULLETIN

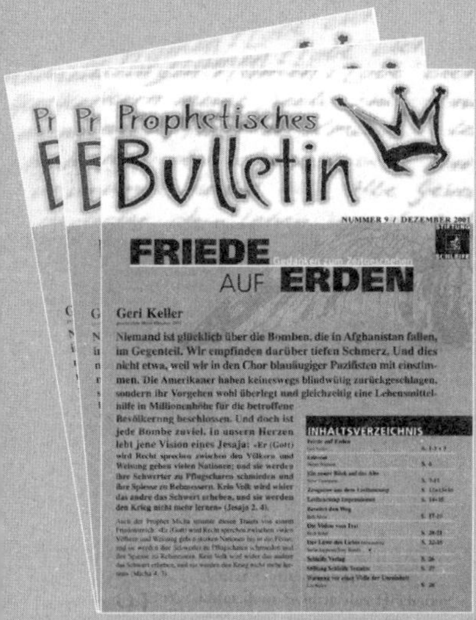

DAS PROPHETISCHE BULLETIN IST EINE ZENTRALE PUBLIKATION DER STIFTUNG SCHLEIFE. **ES HAT ZUM ZIEL, PROPHETISCHES REDEN UNSERER ZEIT AUFZUNEHMEN UND WEITERZUGEBEN, CHRISTEN ZU ERMUTIGEN UND ZU INSPIRIEREN, UND DAS HERANWACHSEN EINES PROPHETISCHEN VOLKES ZU FÖRDERN.** ES ERSCHEINT 3 MAL JÄHRLICH MIT BEITRÄGEN VON GERI UND LILO KELLER, DEM SCHLEIFE TEAM UND WEITEREN AUTOREN.

NR.: 150.000

JAHRESABO

MORNINGSTAR JOURNAL

DAS MORNINGSTAR JOURNAL FINDET WELTWEIT ANERKENNUNG ALS EINE WEGWEISENDE PROPHETISCHE STIMME. ES ERSCHEINT VIERTELJÄHRLICH IN ENGLISCHER SPRACHE UND WIRD VON RICK JOYNER HERAUSGEGEBEN, UNTER MITARBEIT VON JACK DEERE, FRANCIS FRANGIPANE UND DUDLEY HALL U.A.

NR.: 250.000

JAHRESABO

Weiteres aus dem Schleife-Verlag

Vater Geri Keller

In der Ratlosigkeit und Not unserer Zeit, wie wahre Vater- oder Mutterschaft überhaupt ausssehen kann, ist Geri Kellers umfassende Sicht dieses «Vaters aller Vaterschaft» grundlegend: voller Barmherzigkeit und Klarheit, voller Annahme und Herausforderung, eine Liebe voller Zartheit und zugleich Strenge, welche Gottes Kinder zu erwachsenen Söhnen und Töchtern heranzieht.

Nr.: 120.017

Alle können prophetisch reden Steve Thompson

Steve Thompson von MorningStar ist bekannt für seine weitreichende persönliche Erfahrung und seine solide biblische Lehre im Prophetischen. Dieses Buch ist eine grosse Ermutigung und Hilfe für alle, die im Prophetischen wachsen wollen – angefangen von den ersten Gehversuchen bis hin zum tieferen Verständnis.

Nr.: 120.009